# BIATHLON
## verständlich gemacht

Wilfried Hark

# BIATHLON

**verständlich gemacht**

COPRESS SPORT

Lektorat: Julia Niehaus, Berlin
Umschlaggestaltung: Studio Schübel, München
Layout:
VerlagsService Dr. Helmut Neuberger & Karl Schaumann GmbH
DTP-Satz: B. S. – Grafikdesign, Berlin
Grafik: Anneli Nau, München
Titelfoto: Bongarts
Fotos Innenteil: S. 11 u. 12 Gösta Gärdin, S. 13 (2), S.44 (oben) WSV Oberhof 05 e.V., alle anderen Abbildungen Alois Furtner

ISBN 3-7679-0547-7

© 2001 Copress Verlag in der Stiebner Verlag GmbH, München
Alle Rechte vorbehalten. Wiedergabe, auch auszugsweise,
nur mit ausdrücklicher Genehmigung des Verlags.
Printed in Germany
ISBN 3-7679-0547-7
www.copress.de

# Inhalt

**Inhalt**

**Biathlon – Was ist das** 8

**Biathlon gestern** 10
Vom Überlebenskampf zur Militärpatrouille 10
Eine schwedische Variante setzt sich durch 11
Erste deutsche Loipen in den Fünfzigerjahren 13
Die Frauen ließen auf sich warten 15

**Biathlon heute** 20
Der internationale Verband 20
Die Veranstaltungen 21
Die Wettkampfarten 26
 – Der Einzelwettkampf 26
 – Der Sprintwettkampf 28
 – Der Verfolgungswettkampf 29
 – Der Massenstart 33
 – Der Staffelwettkampf 36
Die Austragungsorte 40
Die Ausrüstung 45
 – Das Gewehr 45
 – Die Wettkampfski 49
 – Die Wettkampfstöcke 49
 – Der Schießstand 49
 – Die Scheiben 52
 – Die Schießanlage HoRa 2000 E 56
Der Wettkampfalltag 59
Die Regeln 63
Die Trainer 71
Die Stars 79
Die Helfer 98
Die natürlichen Feinde 100
Die Öffentlichkeit 104

## Biathlon morgen
Der Nachwuchs ... 114
Der Wettkampfkalender ... 118

## Biathlon – Des Rätsels Lösung ... 120

## Adressen und Literaturnachweis ... 126

*Liv-Grete Skjelbreid-Poiree (NOR) bei den Weltmeisterschaften in Pokljuka 2001*

# Biathlon – Was ist das

*Keuchen, Stöhnen, die Oberschenkel schmerzen, noch sechzig Meter, der Anstieg nimmt kein Ende, noch dreißig, der Kopf dröhnt, die Ski scheinbar zwanzig Kilo schwer, endlich oben – Augenflimmern, nach Luft schnappen, kein Ausruhen – das Schießen ... Handgriffe in Trance, Gewehr runter, der Puls rast, Laufschutzklappe runter, das Herz hämmert, Zeit läuft, Magazin einsetzen, die Hand zittert, Zeit läuft, der Brustkorb springt, das Auge beruhigen, irgendwie, die Zeit läuft, zielen, zittert, hämmert, verschwimmt ...*

Es gibt Dinge, die überhaupt nicht zueinander passen, und dennoch versucht man, sie miteinander zu verbinden. Nehmen wir eine Situation aus dem Alltag. Sie kommen aus dem Supermarkt. Zwei volle Einkaufstaschen. Im Treppenhaus angekommen – Entsetzen! Lift kaputt! Sie müssen in die fünfte Etage. Schleppen, Schnaufen, die Arme werden lang und länger, die Knie schlottern, Oberarme wie Pudding ... und dann versuchen sie den Haustürschlüssel irgendwie in die dafür vorgesehene Öffnung zu manövrieren, was nach mehrmaligem Umkreisen endlich gelingt. Wie jeder Vergleich hinkt auch dieser! Anschaulicher und treffender wäre es, wenn Sie, oben angekommen, versuchten, einen Bindfaden in ein Nadelöhr zu bekommen ...
Nach konditioneller Höchstbelastung und maximaler körperlicher Anstrengung umschalten auf Ruhe, volle Konzentration, Präzision und eine sichere Hand. Bewegungsabläufe miteinander verschmelzen lassen, die unterschiedlicher nicht sein könnten. Eine echte Herausforderung! Für die meisten Biathleten der Reiz, das Faszinierende an ihrer Sportart!

## Biathlon – Was ist das

Biathlon ist eine olympische Wintersportdisziplin, die sich aus Skilanglauf und Schießen mit einem Kleinkalibergewehr zusammensetzt. Der Begriff stammt aus dem Griechischen. „Bi" (zwei) und „athlon" (Kampf) bedeuten zusammen so viel wie Doppelkampf oder Doppelwettkampf. Auch einige abgewandelte Formen wie Skilanglauf und Bogenschießen, Schneeschuhbiathlon, Crosslauf und Schießen oder Mountainbike-Biathlon gehören im weitesten Sinne in die Kategorie Biathlon.

*Niemand beherrscht derzeit die Kombination aus Laufen und Schießen so perfekt wie die Schwedin Magdalena Forsberg.*

# Biathlon gestern

*Auf Ski ähnlichen Konstruktionen stapften sie durch tiefen Schnee und Kälte, bewaffnet mit Pfeil und Bogen oder Speer, um damit zu jagen. Und sie sorgten auch dafür, dass man noch ungefähr 5000 Jahre später von ihrem Existenzkampf weiß. In Norwegen entdeckte man Höhlenzeichnungen, deren Entstehung etwa so weit zurückliegt.*

## Vom Überlebenskampf zur Militärpatrouille

In unserer Zeit bekam die Kombination aus Jagd, Ski und Waffen zunehmend militärischen Charakter. Die erste historische Aufzeichnung eines Biathlonwettkampfes beschreibt eine Veranstaltung im Jahre 1767, bei der nahe der schwedisch-norwegischen Grenze Soldaten gegeneinander antraten. Auch der erste bekannte Skiclub der Welt, der „Trysil Rifle and Ski Club", 1861 in Norwegen gegründet, förderte Skilanglauf und Gewehrschießen, mit der Absicht, angehende Soldaten auf den Dienst bei der Armee vorzubereiten.

Zu Beginn des 20. Jahrhunderts gehörten Ski laufende Truppenteile nicht nur in Schweden, Norwegen oder Finnland zum Heer, auch preußische und bayerische Jägerbataillone wurden aufgestellt, in der Schweiz und in Italien entstanden die Gebirgsjägertruppen.

Der Militärpatrouillenlauf war gut geeignet, der Öffentlichkeit die Leistungsfähigkeit der Truppen zu demonstrieren. 1924 in Chamonix wurde die Militärpatrouille erstmals einem olympischen Publikum präsentiert – als Demonstrationssportart. Damals nahmen fünf Länder an diesem Wettkampf teil, Finnland, Frankreich, Polen, Italien und die Schweiz. Auch in den Jahren 1928, 1936 und 1948 blieb diese Form des Militärskilaufs Demonstrationssportart bei den Olympischen Winterspielen. Nach dem Zweiten Weltkrieg wurde sie jedoch wegen ihrer militärischen Anmutung wieder aus dem Programm genommen.

## Eine schwedische Variante setzt sich durch

1953, während eines Fluges von Los Angeles nach Amsterdam, sitzt der Schwede Sven Thofelt, der von 1960 an 28 Jahre lang Präsident des Internationalen Verbandes für Modernen Fünfkampf sein wird, neben Avery Brundage, dem Präsidenten des Internationalen Olympischen Komitees. Er erzählt ihm von den Anfängen des Biathlonsports und überzeugt ihn davon, dass Biathlon trotz der „militärischen" Vergangenheit ins olympische Programm gehört.
Die Entwicklung in den nächsten Jahren ist rasant. Ein schwedisches Wettkampfmodell, bestehend aus einer Kombination von Skilanglauf und Schießen, er-

*Adolf Wiklund (SWE) wurde 1958 in Saalfelden erster Biathlon-Weltmeister.*

hält den Zuschlag. Schon 1953 werden die Biathleten in den Internationalen Verband für Modernen Fünfkampf aufgenommen. Der Weg zur internationalen Anerkennung ist frei. 1956 werden die Biathlonregeln genehmigt und zwei Jahre später findet im österreichischen Saalfelden die erste Weltmeisterschaft statt.

Erster Weltmeister der Biathlongeschichte im damals einzigen Wettbewerb, dem 20-km-Lauf, wurde ein Schwede namens Adolf Wiklund. Auch die erste olympische Goldmedaille – wie könnte es anders sein – ging nach Schweden. Klas Lestander hieß der 20-km-Sieger von Squaw Valley 1960, wo dreißig Athleten aus neun Nationen an dem Biathlonwettbewerb teilnahmen.

Ein Meilenstein in der Biathlongeschichte, viele Experten sprechen von der revolutionärsten Veränderung überhaupt, war die Einführung des Kleinkalibergewehrs (5,6 mm) 1978. Weit abgelegene, für Zuschauer schwer zugängliche und schlecht einsehbare Wett-

*Die erste olympische Biathlon-Goldmedaille holte sich 1960 in Squaw Valley Klas Lestander, ebenfalls ein Schwede.*

kampfstätten gehörten damit der Vergangenheit an. Durch die Ablösung des großkalibrigen Militärgewehrs rückten die Zielscheiben erheblich näher heran. Waren sie früher 150 m, teilweise sogar 250 m entfernt, betrug die Entfernung nunmehr einheitlich 50 m. Die Grundlagen für eine Entwicklung hin zum Breitensport waren gelegt.

## Erste deutsche Loipen in den Fünfzigerjahren

Die ersten Biathleten des Armee-Sportklubs Oberhof standen auf Brettern aus echter finnischer Birke, hatten derbe Lederschuhe an den Füßen und trugen Anzüge aus Gabardine oder Popeline. Da sie 1957 nicht unter den Top Ten der Langläufer aus Thüringer Wald, Erzgebirge und Vogtland rangierten, gehörten sie fortan zum neu gegründeten Team der „Winterzweikämpfer". Die Rede ist von Männern wie Herbert Kirchner, Horst Nickel und Kurt Hinze. Nur Kuno Werner, der beste deutsche Skilangläufer der Fünfzigerjahre, startete sowohl im Langlauf als auch im Biathlon. Er wurde 1958 erster DDR-Meister im Biathlon – obwohl er bei zwanzig Schüssen nur dreimal traf. Nur zwei Jahre später stellten die Thüringer alle Teilnehmer der gesamtdeutschen Olympiamannschaft von Squaw Valley, wo Kuno Werner den neunten und Herbert Kirchner den zwölften Rang belegten. In

*Kuno Werner war sowohl Langläufer als auch Biathlet.*

*Die Biathlon-Olympiamannschaft der DDR 1960: Trainer Horst Christmann, Kuno Werner, Horst Nickel, Kurt Hinze, Trainer Max Braun, Heiner Gierth und Herbert Kirchner (v. l.)*

Bayern geriet ein gewisser Theo Merkel Ende der Fünfziger während seiner Ausbildung beim Zoll zum ersten Mal mit Biathlon in Berührung. Wenig später wurden auf einem improvisierten Schießstand unterhalb des Zirmberges die ersten Schüsse abgefeuert. 1968 beendete der Mann vom SC Ruhpolding das olympische 20-km-Rennen in Grenoble als Zwölfter.

Die ersten Weltmeisterschaften auf deutschem Boden wurden 1966 in Garmisch-Partenkirchen und 1967 in Altenberg ausgetragen. Die erste deutsche Weltmeisterschafts-Medaille, Bronze für die Staffel der DDR, gab es 1970 in Østersund, Schweden. Ein Jahr später gewann der Zinnwalder Dieter Speer im Einzellauf die erste Goldmedaille, der noch viele weitere folgen sollten. Frank Ullrich, Klaus Siebert, Frank-Peter Roetsch, Peter Angerer, Fritz Fischer, Mark Kirchner, Frank Luck, Ricco Gross und Sven Fischer sind nur einige von denen, die an der eindrucksvollen deutschen Erfolgschronik in Sachen Biathlon mitgeschrieben haben.

*Theo Merkel, deutscher Biathlon-Pionier*

*Deutsche Biathlon-Prominenz aus Ost und West beim Weltcup 1984 in Ruhpolding: Frank-Peter Roetsch, Frank Ullrich, Matthias Jakob, Holger Vick, Walter Pichler, Peter Angerer, Stefan Höck, und Fritz Fischer (v. l.)*

Biathlon gestern

## Die Frauen ließen auf sich warten

Wo ist Behle? Eine Frage, die berühmt wurde, in bangen Minuten des Wartens auf Deutschlands 42-maligen deutschen Skilanglauf-Meister Jochen Behle, damals, 1980 in Lake Placid, als er Olympia-Zwölfter über 15 km wurde.

Wo ist Behle? Eine Frage, die wenig später beim Biathlon zum Trauma der Konkurrentinnen von Petra Behle wurde ... denn die war jahrelang fast immer vorn!

Unter ihrem Mädchennamen Petra Schaaf begann sie ihren Siegeszug 1988 als (5-km-)Weltmeisterin in Chamonix. Weitere Titel folgten 1989, 1991, 1992, 1993,

*Petra Schaaf wurde 1988 in Chamonix erste deutsche Weltmeisterin.*

1995, 1996 und 1997. Gekrönt wurde ihre Karriere mit Olympiagold 1998 in Nagano.

Wo ist Behle? Schön, dass diese Frage im Biathlon überhaupt gestellt werden konnte! Lange Zeit sah es nicht danach aus, denn es herrschte das Vorurteil, Biathlon sei Männersache, wie Alexander Tichonow, der erfolgreichste Olympia-Biathlet aller Zeiten, verkündete.

Ungeachtet aller Gegner gab es aber bereits 1967 in der ČSSR nationale Meisterschaften für Frauen, bei denen 5 km gelaufen und mit einem Kleinkalibergewehr einmal liegend geschossen wurde. So war es auch kein Zufall, dass der erste offizielle Frauenwettbewerb nach den Regeln der UIPMB im Januar 1981 im tschechoslowakischen Jachymov durchgeführt wurde. 1984 bekamen die Frauen in Chamonix, Frankreich, ihre ersten Welt-Titelkämpfe, die zunächst gemeinsam mit denen der Junioren ausgetragen wurden, ab 1989 im österreichischen Feistritz dann gemeinsam mit denen der Männer. 1992 gab es zum ersten Mal olympische Biathlonwettbewerbe der Frauen, denen die Oberhoferin Antje Misersky mit Gold im 15-km-Wettbewerb und Silber sowohl im Sprint als auch in der Staffel (gemeinsam mit Petra Schaaf und Uschi Disl) eindrucksvoll ihren Stempel aufdrückte.

*Antje Misersky gewann 1992 in Les Saisies drei olympische Medaillen.*

## Biathlongeschichte

*1767* *Soldaten an der schwedisch-norwegischen Grenze tragen den ersten biathlonähnlichen Wettkampf aus.*

*1861* *Der „Trysil Rifle and Ski Club", vermutlich der erste Skiklub der Welt, wird in Norwegen gegründet.*

*1924* *Der militärische Patrouillenlauf ist in Chamonix, Frankreich, erstmals olympischer Demonstrationswettbewerb.*

*1948* *Die UIPM, der Internationale Verband für Modernen Fünfkampf, wird gegründet.*

*1953* *Biathlon wird in die UIPM aufgenommen.*

*1957* *Die erste Biathlon-Weltmeisterschaft findet in Saalfelden, Österreich, statt.*

*1960* *Biathlon ist erstmals im olympischen Programm (20 km Männer).*

*1966* *Bei den Weltmeisterschaften in Garmisch-Partenkirchen werden erstmals Staffelrennen ausgetragen.*

*1967* *Aus UIPM wird UIPMB, nach der Sportart wird auch der Buchstabe „B" in den Verband aufgenommen.*

*1978* *Einführung des Kleinkalibergewehrs (5,6 mm)*

*1984* *Im französischen Chamonix werden erstmals Frauen-Weltmeisterschaften ausgetragen*

*1989* *In Feistritz, Österreich, finden die ersten gemeinsamen Welt-Titelkämpfe von Männern und Frauen statt.*

*1992* *Frauenwettbewerbe erstmals im olympischen Programm*

*1993* *Gründung der Internationalen Biathlon Union (IBU)*

*1996* *In Hochfilzen, Österreich, werden die ersten Sommer-Biathlon-Weltmeisterschaften ausgetragen.*

*1998* *Die IBU trennt sich endgültig von der UIPMB und wird vom IOC als internationaler olympischer Wintersportverband anerkannt.*

*nächste Doppelseite: die Loipe in Hochfilzen*

# Biathlon heute

### Der internationale Verband

Die Internationale Biathlon Union (IBU) ist die Spitzenorganisation des Biathlons weltweit, sie wurde 1998 vom Internationalen Olympischen Komitee (IOC) als olympischer Wintersportverband anerkannt. Die IBU bildet die Vereinigung nationaler Fachverbände, in denen Biathlon und dem Biathlon ähnliche Sportarten wie Rollerski-Biathlon, Crosslauf-Biathlon, Mountainbike-Biathlon oder Bogenschießen-Biathlon betrieben werden.

Die Internationale Biathlon Union ging aus der UIPMB, dem Internationalen Verband für Modernen Fünfkampf und Biathlon, hervor und wurde am 2. Juli 1993 in Heathrow bei London gegründet. Ihr gehören derzeit sechzig Mitgliedsverbände als ordentliche Mitglieder an.

*Bei der Herren-Staffel des Biathlon-Weltcup in Antholz 2001 übergibt Ludwig Gredler an Christoph Sumann.*

## Die Veranstaltungen

Olympische Winterspiele werden alle vier Jahre ausgetragen. Seit 1960 in Squaw Valley sind Biathlonwettbewerbe der Männer fester Bestandteil der Winterspiele, 1992 im französischen Albertville kamen auch die Frauen dazu. Zuletzt standen bei Männern und Frauen jeweils drei Entscheidungen auf dem olympischen Programm – der Sprint, der so genannte Einzelwettkampf und die Staffel. Bei den Olympischen Spielen 2002 in Salt Lake City, USA, wird zum ersten Mal der Verfolgungswettbewerb dabei sein.

**Die olympischen Biathlon-Wettbewerbe**

| Jahr | Männer | Frauen |
|---|---|---|
| 1960 | 20-km-Einzelwettkampf | |
| 1968 | 4-x-7,5-km-Staffel | |
| 1980 | 10-km-Sprint | |
| 1992 | | 15-km-Einzelwettkampf |
| | | 7,5-km-Sprint |
| | | 3-x-7,5-km-Staffel |
| 1994 | | 4-x-7,5-km-Staffel (ersetzt 3-x-7,5-km Staffel) |
| 2002 | 12,5-km-Verfolgung | 10-km-Verfolgung |

Weltmeisterschaften gibt es jedes Jahr, seit 1958 bei den Männern, seit 1984 auch bei den Frauen. Das WM-Programm umfasst jeweils fünf Entscheidungen bei Männern und Frauen. Neben den Sprints, den Einzelwettkämpfen und den Staffeln werden dort auch Verfolgungswettbewerbe und Massenstartrennen ausgetragen. In Olympiajahren gibt es keine kompletten Weltmeisterschaften. Nur für Wettbewerbe, die nicht im olympischen Programm sind, werden in diesen Jahren Weltchampionate ausgerichtet. Das betrifft momentan lediglich die Massenstartwettkämpfe.

### Die Weltmeisterschaftswettbewerbe

| Jahr | Männer | Frauen |
|---|---|---|
| 1958 | 20-km-Einzelwettkampf | |
| 1966 | 4-x-7,5-km-Staffel | |
| 1974 | 10-km-Sprint | |
| 1984 | | 10-km-Einzelwettkampf |
| | | 5-km-Sprint |
| | | Staffel(3-x-5-km) |
| 1989 | | 15-km-Einzelwettkampf |
| | | 7,5-km-Sprint |
| | | 3-x-7,5-km-Staffel |
| 1989 | Teamwettbewerb* | Teamwettbewerb* |
| 1993 | | 4-x-7,5-km-Staffel |
| 1997 | 12,5-km-Verfolgung | 10-km-Verfolgung |
| 1999 | 15-km-Massenstart | 12,5-km-Massenstart |

*1999 wieder aus dem WM-Programm genommen*

Die Weltcupveranstaltungen sind der rote Faden jedes Biathlonwinters. In der Saison 2000/2001 wurden in neun Orten Weltcupwettkämpfe ausgetragen. Im Winter 2001/2002 werden es erneut neun Stationen sein, wobei in jedem dieser Orte in der Regel sechs Rennen gestartet werden. Bei jedem Weltcup, jeder Weltmeisterschaft und bei olympischen Wettbewerben werden Weltcuppunkte vergeben.

### Weltcuppunkte

1. Platz  50 Punkte
2. Platz  46 Punkte
3. Platz  43 Punkte
4. Platz  40 Punkte
5. Platz  37 Punkte
6. Platz  34 Punkte

von Platz 7 (32 Punkte) bis Platz 15 (16 Punkte) jeweils 2 Punkte weniger, von Platz 16 (15 Punkte) bis Platz 30 (1 Punkt) jeweils 1 Punkt weniger.

**Biathlon heute**

Der Führende in der Gesamtweltcup-Wertung – die Punkte aus Einzel-, Sprint-, Verfolgungs- und Massenstartrennen werden addiert – trägt das gelbe Leibchen des Spitzenreiters. Der jeweils Führende in den separaten Wertungen der einzelnen Disziplinen trägt ein rotes Leibchen. Die IBU honoriert die führenden Athleten für das Tragen der roten und gelben Leibchen mit jeweils 1000 Mark. Darüber hinaus werden folgende Preisgelder gezahlt.

*Sven Fischer im Gelben Trikot des Weltcup-Gesamtführenden 1999 in Oslo*

> **Weltcuppreisgelder** (ab Saison 2001/2002 )
>
> *1. Platz  12000  Mark*
> *2. Platz   8000  Mark*
> *3. Platz   5000  Mark*
> *4. Platz   3000  Mark*
> *5. Platz   2000  Mark*
> *6. Platz   1000  Mark*
>
> *Gilt für alle Einzel-, Sprint-, Verfolgungs- und Massenstartrennen bei Männern und Frauen (Weltmeisterschaften eingeschlossen ).*
>
> *Der Weltcup-Gesamtsieger erhält am Ende der Saison noch einmal 32000 Mark.*

Außerdem werden jährlich Kontinentalmeisterschaften (Europa, Asien, Südamerika, Nordamerika), Junioren-Weltmeisterschaften, eine Europacupserie (vorrangig Nachwuchs- und Anschlussathleten vorbehalten), nationale Meisterschaften und viele nationale Pokalwettbewerbe ausgetragen.
Dazu kommen seit 1996 jährlich Sommerbiathlon-Weltmeisterschaften. Die IBU gibt das Regelwerk zum Thema Sommerbiathlon vor und veranstaltet auch die Welttitelkämpfe. Welt- und Europacupserien gibt es allerdings nicht. Wettbewerbe auf nationaler Ebene liegen ganz in der Verantwortung der jeweiligen Verbände. In Deutschland ist das seit 1997 der Deutsche Schützenbund (DSB), der seit Anfang 2000 dabei ist, diesen Sport intensiv zu strukturieren. Sommerbiathlon unter Regie des DSB ist derzeit ausschließlich die Kombination aus Crosslauf und Schießen. Neben der Verbindung Crosslauf und Kleinkaliberschießen auf 50 m Entfernung wird die Kombination Crosslauf/Luftgewehrschießen auf 10 m Entfernung immer populärer. Erleichtert wird das durch neu entwickelte Biathlon-Luftgewehre mit Mehrladeeinrichtung, die den

*gegenüber: Biathlon-Weltcup in Pokljuka/ Antholz 2000. Ole Einar Björndalen (NOR) im Roten Trikot des Weltcup-Führenden auf dieser Strecke.*

Kleinkalibergewehren nachempfunden sind. Für beide Varianten gilt, was ein grundsätzlicher Unterschied zum Biathlon im Winter ist, dass die Gewehre am Schießstand verbleiben und nicht auf die Strecke mitgenommen werden. Sommerbiathlon als Breitensport einzuführen ist ein besonderes Anliegen des Deutschen Schützenverbandes.

## Die Wettkampfarten

Wir unterscheiden momentan fünf wichtige internationale Wettkampfarten – den Einzelwettkampf, den Sprint, die Verfolgung, den Massenstart und die Staffel. Dazu kommt der Mannschaftswettkampf, der allerdings nur noch bei den Militär-Weltmeisterschaften ausgetragen wird, in den Zukunftsplanungen der Biathleten jedoch keine Rolle spielt und somit hier auch nicht beschrieben wird.

Die Biathleten legen bei diesen Wettbewerben Strecken zwischen 7,5 und 20 km auf Ski zurück, unterbrochen von zwei oder vier Aufenthalten am Schießstand, wo entweder liegend oder stehend geschossen wird. Streckenlänge und Anzahl der Schießeinlagen hängen von der Art des Wettkampfes ab. Das Wettkampfgewehr wird bei allen Wettbewerben mit auf die Strecke genommen.

Die Schießentfernung ist einheitlich. Sie beträgt 50 Meter und es werden pro Schießstopp jeweils fünf Schüsse auf fünf Ziele abgegeben. Die einzige Ausnahme ist das Staffelrennen. Der Durchmesser der Scheiben, auf die geschossen wird, beträgt beim Stehendschießen 115 mm, beim Liegendschießen 45 mm.

### Der Einzelwettkampf

Als Einzelwettkämpfe werden im Biathlon die jeweils längsten Wettbewerbe bezeichnet, die 20 km bei den Männern und die 15 km bei den Frauen.

# Biathlon heute

*Der Italiener Patrik Favre im Januar 2000 in Ruhpolding.*

Beim 20-km-Einzelwettkampf, der ältesten Disziplin des Biathlonsports, wird in Abständen von dreißig Sekunden gestartet. Zwischen den Kilometern 3 und 17,5 wird viermal geschossen, und zwar in der Reihenfolge liegend-stehend-liegend-stehend. Die Länge der Strecken zwischen den einzelnen Schießübungen beträgt etwa vier Kilometer.

Die jeweilige Schießbahn darf der Athlet sich selbst aussuchen, wobei die rechte Hälfte der Scheiben für die Liegendschützen vorgesehen ist, die linke dementsprechend dem Stehendschießen vorbehalten ist. Für jede nicht getroffene Scheibe gibt es eine Strafminute.

Bei den 15 km der Frauen wird zwischen den Kilometern 3 und 12 geschossen, wie bei den Männern ebenfalls viermal. Auch Reihenfolge und Zeitstrafe sind identisch.

*Wolfgang Perner (AUT) beim Start in Hochfilzen 1996*

### Der Sprintwettkampf

Der Begriff „Sprint" ist im Sport offenbar sehr dehnbar. Kennen wir aus der Leichtathletik den Sprint als 100, höchstens 200 m lange Strecke, so ist der Biathlonsprint der Männer 10 km lang. Gestartet wird, wie beim Einzelwettkampf, in 30-Sekunden-Intervallen. Geschossen wird dagegen nur zweimal – nach ungefähr 3 km liegend und nach etwa 7 km stehend. Anders als bei den langen „Kanten" muss der Wettkämpfer hier für jede nicht getroffene Scheibe eine Strafrunde laufen, die 150 m lang ist und sich in unmittelbarer Nähe des Schießstandes befindet. Das gilt auch für die Frauen, wobei die Strecke 7,5 km lang ist und zwischen den Kilometern 2,5 und 5,0 geschossen wird.

## Der Verfolgungswettkampf

Der Verfolgungswettkampf, auch Jagdrennen genannt, in der Saison 1996/1997 ins Programm der Weltmeisterschaften und Weltcupwettbewerbe aufgenommen, wurde auf Anhieb ein echter Publikumsrenner. Sowohl die Startabstände als auch die Startreihenfolge ergeben sich aus einem vorangegangenen Qualifikationswettkampf. Dieser kann entweder ein Sprint oder ein Einzelrennen sein. In jedem Falle ist dieser Wettkampf sowohl normaler Bestandteil des Weltcup- oder Weltmeisterschaftprogramms mit eigenständiger Wertung als auch Grundlage des so genannten Jagdstarts. Startberechtigt sind die sechzig Besten des Qualifikationswettbewerbes, wobei der Sieger als Erster auf die Strecke geht und dabei den Zeitvorsprung mit auf die 12,5 km (Männer) bzw. 10 km (Frauen) bekommt, den er im Ziel des Qualifikationsrennens hatte. So die Regelung, wenn Sprintwettkämpfe Grundlage der Qualifika-

*Das Biathlonstadion in Antholz mit Funktionsgebäude und TV-Kabine; der Schießstand ist nicht zu sehen.*

## Biathlon heute

*Frode Andresen aus Norwegen*

tion sind. Nach 20-km- bzw. 15-km-Rennen werden die Zeitabstände halbiert. Das gilt für alle sechzig Starter, wobei die einzelnen Rückstände auf- oder abgerundet werden und die Teilnehmer aus drei nebeneinander liegenden Startkorridoren auf die Strecke geschickt werden.

Geschossen wird viermal, bei den Männern nach jeweils 2,5 km, bei den Frauen nach 2 km, und zwar – anders als bei den bisher beschriebenen Wettkämpfen – in der Reihenfolge liegend-liegend-stehend-stehend. Der Führende schießt auf der rechten Außenbahn (Bahn 1). Danach wird in der Reihenfolge des Ankommens nach links aufgefüllt. Wie bei den Sprintrennen

**Biathlon heute**

muss pro Fehlschuss eine Strafrunde gedreht werden. Im Jahr 2002 erlebt der Verfolgungswettkampf in Salt Lake City seine olympische Premiere.

*Startraum*

*Zielraum*

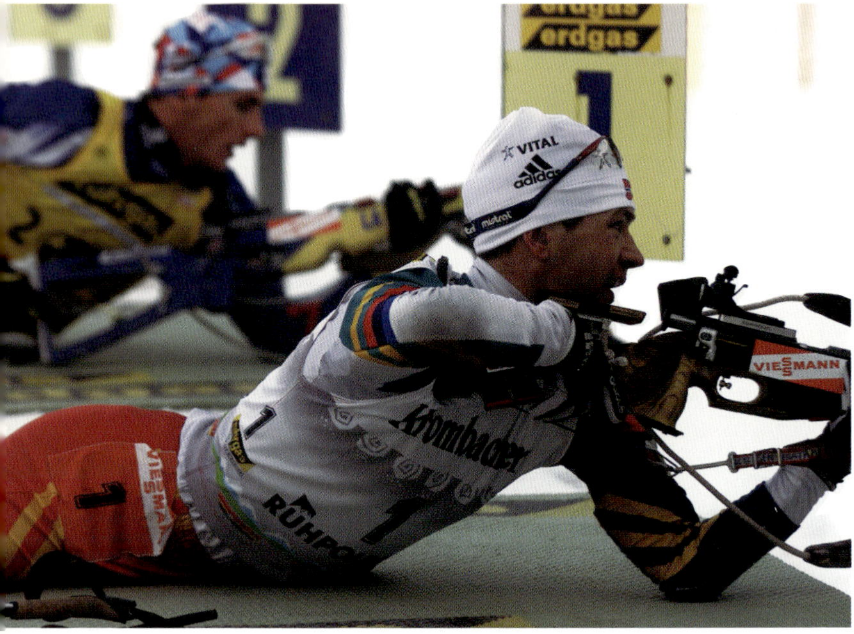
erdgas
erdgas
1
VITAL
adidas
VIESSMANN
Krombacher

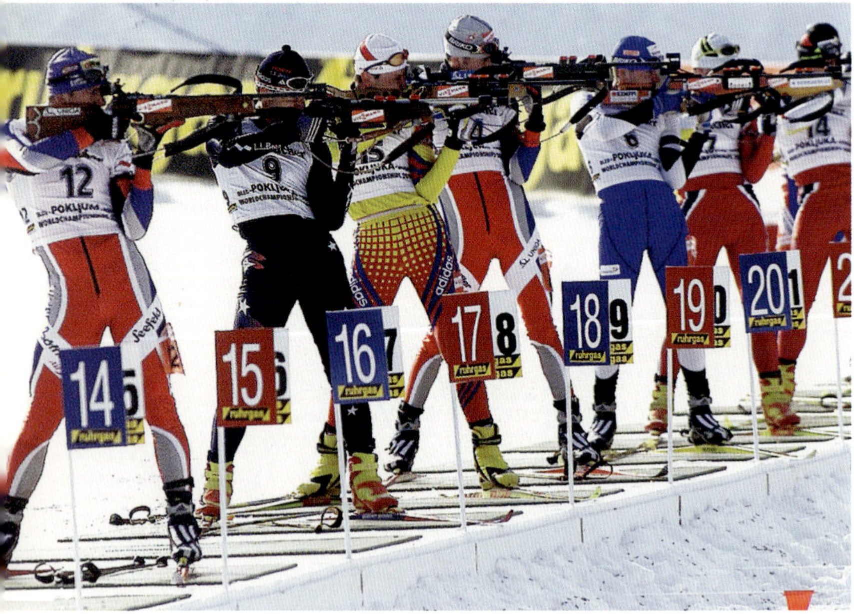
14
ruhrgas
15
ruhrgas
16
ruhrgas
17
ruhrgas
18
ruhrgas
19
ruhrgas
20
ruhrgas
12
9

## Der Massenstart

1998 wurde der Massenstart, das jüngste Kind der Biathlonfamilie, aus der Taufe gehoben. Bereits ein Jahr später ersetzte das an Dramatik und Attraktivität kaum zu überbietende Rennen im Programm der Weltmeisterschaften den veralteten Teamwettbewerb.
Bei den Männern beträgt die Laufdistanz 15 km, bei den Frauen 12,5 km. Geschossen wird viermal, wie beim Verfolgungswettkampf in der Reihenfolge liegend-liegend-stehend-stehend.
Unterschied: Beim ersten Heranlaufen an den Schießstand nimmt jeder Schütze auf der Schießbahn Platz, die seiner Startnummer entspricht.
Bei den Schießübungen 2 bis 4 wird, genau wie beim Jagdrennen, der Führende auf Bahn 1 gewiesen. Danach wird der Reihenfolge nach aufgefüllt. Auch hier gilt: Ein Fehlschuss zieht eine Strafrunde nach sich.
Sowohl bei Weltcupveranstaltungen als auch bei Weltmeisterschaften sind dreißig Athleten startberechtigt, wobei es hier Unterschiede in den Qualifikationskriterien gibt. Einfach und logisch ist das bei Weltcuprennen angewendete Prinzip. Teilnahmeberechtigt sind die dreißig besten Athleten der aktuellen Weltcup-Gesamtwertung. Der Führende bekommt Startnummer 1, der Zweite die 2 usw.

Etwas unübersichtlicher stellt sich die Angelegenheit bei Weltmeisterschaften dar. Da sind zunächst einmal alle Medaillengewinner der laufenden Titelkämpfe im Einzel-, Sprint- und Verfolgungswettkampf qualifiziert. Dazu kommen die ersten 15 Athleten der aktuellen Weltcup-Gesamtwertung. Anschließend wird das Teilnehmerfeld mit denjenigen aufgefüllt, die während der laufenden Weltmeisterschaft die meisten Nationencuppunkte erreicht haben, bis die komplette Stärke von dreißig Startern erreicht ist.

*gegenüber oben: Ole-Einar Bjoerndalen (NOR, vorne) gegen Raphael Poirée (FRA) – das Dauerduell der letzten Jahre*

*gegenüber unten: Christoph Sumann (12) beim Verfolgungsrennen bei den WM in Pokljuka*

*nächste Doppelseite: Massenstart bei den WM 2001 in Pokljuka*

# Biathlon heute

> *Nationencuppunkte werden unabhängig von Weltcuppunkten bei Einzel- und Sprintwettkämpfen vergeben, um am Ende der Saison eine Weltcup-Gesamtwertung der Nationen ermitteln zu können. Die erstplatzierte Nation erhält von der IBU eine Prämie in Höhe von 50000 Mark. Für die Ränge 2 und 3 werden 40000 Mark und 30000 Mark vergeben.*

### Der Staffelwettkampf

Wie im Fußball der Pokalwettbewerb angeblich eigene Gesetze hat, so sagt man es bei den Biathleten den Staffelwettbewerben nach. Auf jeden Fall sind Staffelrennen, seitdem sie 1966 in Garmisch-Partenkirchen erstmals im Weltmeisterschaftsprogramm auftauchten, die absoluten Publikumsrenner. Zu jeder Staffel gehören vier Biathleten, wobei jeder, sowohl bei den

*Peter Sendel (vorn) beim Staffelstart im Dezember 2000 in Hochfilzen*

Männern als auch bei den Frauen, 7,5 km zu laufen hat und jeweils zweimal schießt – zuerst liegend, dann stehend. Anders als bei allen anderen Wettkampfarten hat jeder Schütze pro Schießübung acht Patronen zur Verfügung, um die fünf Scheiben zu treffen. Die drei Reservepatronen werden auf der Matte (Liegendanschlag) oder in einem eigens dafür vorgesehenen Behälter abgelegt.

Hat der Athlet auch mit den drei Schuss Reservemunition, die er einzeln nachladen muss, noch nicht alle fünf Ziele getroffen, muss er für jede „unberührte" Scheibe

*Staffel der Herren beim Biathlon-Weltcup in Hochfilzen/Antholz 2000. Günther Beck (l.) übergibt an Wolfgang Rottmann (AUT).*

eine Strafrunde laufen. Die Übergabe an den nächsten Läufer bzw. die nächste Läuferin erfolgt per Handabschlag im Wechselraum.

Die Startnummernvergabe erfolgt entsprechend der aktuellen Weltcup-Staffelwertung. Dabei erhält die führende Nation Startnummer 1, die zweite Nummer 2 usw. Bei Staffelrennen entspricht die Startnummer der Nummer der Bahn, auf der geschossen wird. Apropos eigene Gesetze! Nur bei Staffelwettbewerben ist die Streckenlänge von Frauen- und Männerrennen identisch. *Heute nicht mehr (2006)*

*Liegendschießen bei den WM 2000*

## Die Wettkampfarten

| Wettkampfart Männer/Frauen | Starttyp | Teil-strecken | Schießeinlagen Anschlagarten | Anzahl abzugebender Schüsse | Strafen für Fehlschüsse |
|---|---|---|---|---|---|
| 20 km/15 km Einzel | 30-Sekunden-Intervall | 5 | l-s-l-s* | 5 | 1 Minute |
| 10 km/7,5 km Sprint | 30-Sekunden-Intervall | 3 | l-s* | 5 | Strafrunde (150 m) |
| 12,5 km/10 km Verfolgung | Handicapstart | 5 | l-l-s-s* | 5 | Strafrunde (150 m) |
| 15 km/12,5 km Massenstart | Massenstart | 5 | l-l-s-s* | 5 | Strafrunde (150 m) |
| 4 x 7,5 km Staffel | Massenstart und Abschlagen | 3 | l-s* | 5 + 3 Reservepatronen | Strafrunde (150 m) |

*l = liegend, s = stehend

## Die Austragungsorte

Prinzipiell kann sich jeder nationale Mitgliedsverband der IBU, der für seine Biathlonanlage eine entsprechende Lizenz besitzt, für die Austragung von Veranstaltungen bewerben. Die Erfahrung der letzten Jahre allerdings hat gezeigt, dass es bei der Organisation von Biathlonwettbewerben von Vorteil ist, wenn man auf vorhandene technische und logistische Voraussetzungen zurückgreifen kann. Dementsprechend ist der Kreis der Veranstaltungsorte für internationale Wettkämpfe relativ überschaubar geblieben.

| | |
|---|---|
| Finnland | Kontiolahti, Lahti |
| Frankreich | Haute Maurienne |
| Norwegen | Oslo (Holmenkollen), Lillehammer |
| Österreich | Hochfilzen, Obertilliach |
| Deutschland | Oberhof, Ruhpolding |
| Schweden | Östersund |
| Slowenien | Bled/Pokljuka |
| Slowakei | Brezno/Osrblie |
| Russland | Khanty-Mansiysk |
| USA | Salt Lake City (Soldier Hollow), Lake Placid |
| Kanada | Canmore |
| Italien | Antholz, Ridnaun |
| Polen | Zakopane |
| Weißrussland | Minsk |

Die wichtigsten Biathlon-Austragungsorte sind zweifellos Antholz in Südtirol sowie die deutschen Hochburgen Ruhpolding und Oberhof. Seit 1998 gibt es dort dank der Organisatoren vor Ort im Biathlon eine Verwandte der Internationalen Vierschanzentournee der Skispringer – die ORA-Trophy. ORA steht für Oberhof, Ruhpolding und Antholz. Diese kleine Biathlontournee findet jeweils in der zweiten, dritten und vierten Januarwoche statt und gehört nach wie vor zum Welt-

Biathlon heute

cupprogramm. Sie wird sowohl für den Gesamt-Weltcup als auch separat gewertet, von den Veranstaltern wurde sie dazu mit 52000 Mark Preisgeld ausgestattet.

Staffelstart der Frauen in Antholz 2001

Antholz, das kleine Örtchen in Südtirol, eine halbe Autostunde von Toblach entfernt, war bereits viermal Gastgeber von Biathlonweltmeisterschaften und ist damit in dieser Hinsicht unübertroffen. 1975 kamen die Welttitelkämpfe zum ersten Mal ins Antholzer Tal, nicht zuletzt wegen des unermüdlichen Engagements von Paul Zingerle, der gemeinsam mit dem damaligen Biathloncheftrainer der DDR Kurt Hinze auch die Idee und das Reglement des Weltcups entwickelte, der Ende der Siebzigerjahre offiziell eingeführt wurde. 1976 wurden in Antholz ausschließlich WM-Medaillen für die Sprintwettbewerbe des Biathlons vergeben, die damals noch nicht zum Programm der im selben Jahr stattfindenden Olympischen Spiele gehörten. 1983 und 1995 erlebte Südtirol wieder komplette Weltmeisterschaften.

# Biathlon heute

Auch Ruhpolding machte eine steile Karriere als Austragungsort von Biathlonveranstaltungen. 1972 fanden dort erstmals deutsche Biathlonmeisterschaften. 1978, gleich im ersten Jahr des Weltcups, waren die Bayern die ersten Gastgeber dieses Wettkampfs, den sie mittlerweile 21-mal ausgerichtet haben. Nur die Antholzer Biathlonpioniere sind eine Nasenlänge voraus. Sie beherbergten bislang 22 Weltcupveranstaltungen. 1979, bei den ersten Weltmeisterschaften, feierten die heutigen Bundestrainer der Männer, Frank Ullrich und Klaus Siebert, Siege über 10 und 20 km in Ruhpolding. Weitere Titelkämpfe folgten 1985 und 1996. Damit gehört Ruhpolding neben Antholz, Oslo und Minsk zu den Orten, die am häufigsten Gastgeber der WM waren.

*gegenüber: Mit einer Gold- und drei Silbermedaillen wurde Uschi Disl 1995 zur Königin der Titelkämpfe in Antholz.*

*Petra Behle als Schlussläuferin der deutschen Weltmeisterstaffel 1996 in Ruhpolding*

Oberhof ist der Ort mit der ältesten Biathlontradition in Deutschland. Im Kammerbacher Pirschhaus fing alles an, mitten im Wald. Ende der Fünfziger, mit zehn Paar Langlaufski vom Militärsportclub aus Brotterode. Mittlerweile kommen aus Oberhof mehr Biathlon-Olympiasieger und Weltmeister als aus jedem anderen Ort der Welt. 1983 war Oberhof zum ersten Mal Station im Weltcup. Mittlerweile sind acht weitere Weltcups dort ausgetragen worden. 2004 wird es am Rennsteig zum ersten Mal Biathlonweltmeisterschaften geben. In Vorbereitung darauf wird das Leistungszentrum vor Ort derzeit komplett um- bzw. neu gebaut.

*Zum Vergleich: Vor vierzig Jahren trugen die Biathleten das Gewehr an einem Riemen über der Brust. Als Mündungsschoner diente eine Ledermanschette (im Bild Horst Hübner am Oberhofer Grenzadler, 1960).*

## Die Ausrüstung

Kaum eine andere Sportart benötigt derart viele Ausrüstungsgegenstände wie Biathlon. Wir unterscheiden zwischen der Ausrüstung, die der Athlet mit auf die Strecke nimmt, und den Gegenständen, die man darüber hinaus für die Durchführung einer Biathlonveranstaltung benötigt.

### Das Gewehr

Seit 1978 wird im Biathlon mit einem Kleinkalibergewehr geschossen, d. h., das Kaliber des Laufes beträgt 5,6 mm.

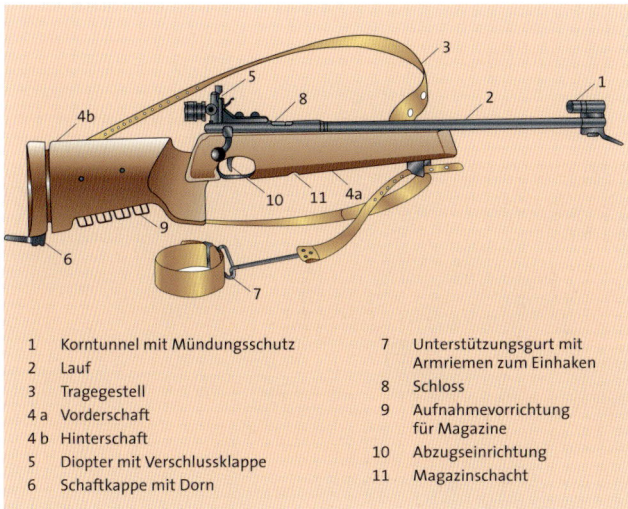

| | | | |
|---|---|---|---|
| 1 | Korntunnel mit Mündungsschutz | 7 | Unterstützungsgurt mit Armriemen zum Einhaken |
| 2 | Lauf | 8 | Schloss |
| 3 | Tragegestell | 9 | Aufnahmevorrichtung für Magazine |
| 4 a | Vorderschaft | | |
| 4 b | Hinterschaft | 10 | Abzugseinrichtung |
| 5 | Diopter mit Verschlussklappe | 11 | Magazinschacht |
| 6 | Schaftkappe mit Dorn | | |

Ein paar interessante Fakten zum Gewehr gefällig? Vorschrift ist, dass es nicht leichter als 3,5 kg sein darf. Das Abzugsgewicht, was der Finger also überwinden muss, um den Schuss auszulösen, muss mindestens 500 Gramm betragen. Es darf kein abklappbarer Hinterschaft benutzt werden und auch keine automatische oder halbautomatische Konstruktion. Lade- und Entladevorgang müssen ausschließlich durch die Muskelkraft des Wettkämpfers ausgeführt werden.

Es wird allerdings nach wie vor daran getüftelt, wie man diesen so genannten Repetiervorgang verkürzen und verbessern kann. Zu den bekannt gewordenen Konstruktionen gehören der seitliche Kniehebelverschluss (Drehverriegelung) und der heute noch verwendete Pistolengriff-Repetierer. Etwa neunzig Prozent der Biathleten aber benutzen mittlerweile Anschütz-Fortner -Biathlongewehre mit einem Geradezug-Repetierverschluss, auch Geradeausverriegelung genannt. Der Verschluss wird mit dem Zeigefinger geöffnet und mit dem Daumen geschlossen.

Das Visiersystem eines Biathlongewehrs ist mit keinerlei Optik versehen und hat keine vergrößernde Wirkung. Gegenwärtig wird meistens ein Ringkorn aus Metall verwendet, um die Scheiben „ins Auge" zu fassen. Am hinteren Teil der Visiereinrichtung (Diopter) sind zwei Stellschrauben angebracht, mit denen man die Visierlinie korrigieren kann. Diese Korrektur erfolgt ras-

*Sven Fischer ist beinahe der einzige „Pistolengriff-Repetierer" unter den derzeit aktiven Biathleten.*

Biathlon heute

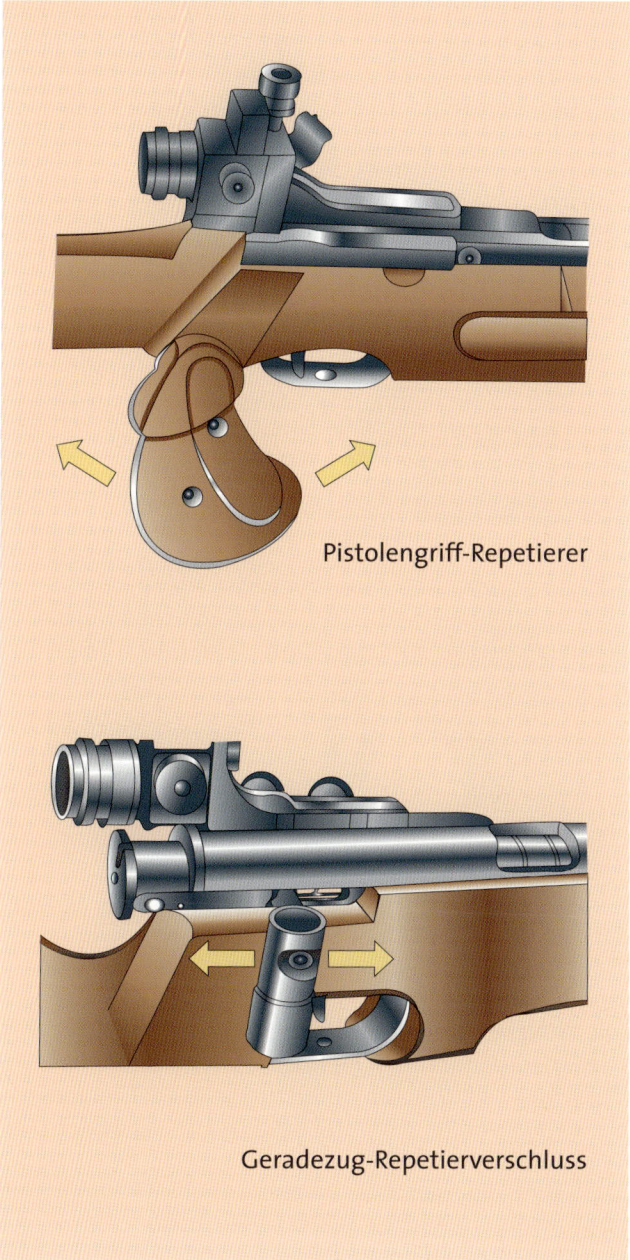

Pistolengriff-Repetierer

Geradezug-Repetierverschluss

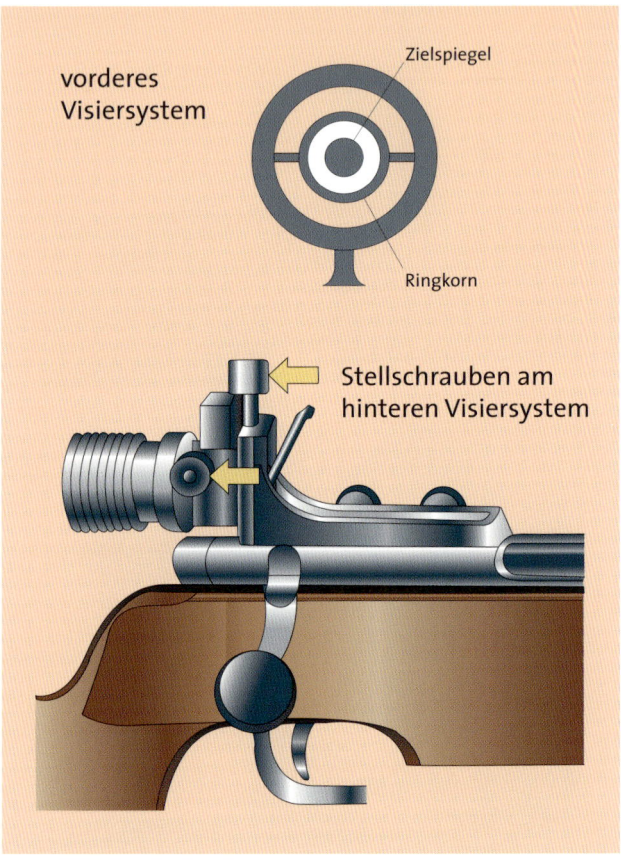

tenweise. Abhängig vom verwendeten Diopter bewirkt eine Raste auf die Schießentfernung von 50 m über den Daumen gepeilt eine Trefferverlagerung zwischen 3 und 10 mm.

Die Athleten tragen einen Lederriemen am Oberarm. Dieser so genannte Schießriemen wird ausschließlich beim Liegendschießen benutzt. Zur Stabilisierung des Anschlags wird er während des Schießens mit dem Gewehr verbunden.

Die Kleinkalibergeschosse wiegen etwa 2,6 Gramm und sind aus einheitlichen Werkstoffen hergestellt, in der Regel aus Blei oder einer Bleilegierung.

### Die Wettkampfski

Das Gesamtgewicht der Ski muss mindestens 750 Gramm betragen. Die minimale Skilänge errechnet sich nach folgender Formel: Körpergröße des Wettkämpfers minus 4 cm. Nach oben sind der Länge des Laufgerätes keine Grenzen gesetzt. Ideal sei es, so sagt man, wenn die Ski die Körperhöhe um 15 cm überragen. Der Belag der im Biathlon verwendeten Skatingski wird von den Herstellern mit einer so genannten Struktur, einem Schliff versehen, um den Saugeffekt zwischen Ski und Schnee möglichst gering zu halten, im besten Fall sogar aufzuheben.

### Die Wettkampfstöcke

Im Wettkampf müssen zwei Stöcke gleicher Länge verwendet werden, wobei diese die Körpergröße des Athleten nicht überschreiten darf. Als Faustregel gilt: Der optimale Skatingstock reicht bis an die Nasenspitze. Für die Skistöcke gibt es kein Mindest- oder Höchstgewicht. Bevorzugte Materialien sind Kunststoffe, Fasern wie Carbon oder Kevlar.

### Der Schießstand

Bis zu den Weltmeisterschaften 1966 wurden alle vier Schießübungen auf unterschiedlichen Schießständen absolviert. Dabei konnte an den ersten drei Schießständen in einer beliebigen Anschlagart, am vierten musste im Anschlag stehend, freihändig geschossen werden. Die Schießentfernungen betrugen 250, 200, 150 und 100 m. Bei den 1967 in Altenberg ausgetragenen Weltmeisterschaften im Biathlon wurde erstmals auf einem einzigen Schießstand geschossen, auf 150 m entfernte Scheiben. 1978 dann, mit der Einführung des Kleinkalibergewehrs, rückten die Scheiben auf 50 m heran.

# Biathlon heute

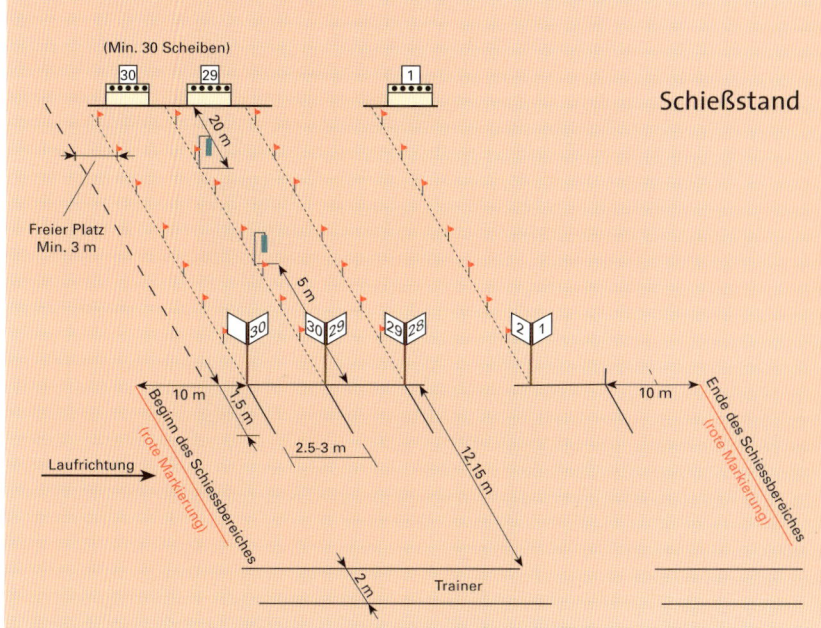

Es entstand der heute noch gebräuchliche Schießstand. Sicherheit steht beim Bau an oberster Stelle. Die Anlage ist seitlich und hinter den Scheiben von Sicherheitswällen aus Erde begrenzt. International genutzte Schießstände sollten dreißig Schießbahnen haben. Jede Schießbahn muss mindestens 2,5 m breit sein, darf aber nicht breiter sein als 3 m. Auf jeder Bahn befindet sich eine Schießmatte, deren Ausmaß 200 x 150 cm beträgt und die eine rauhe, rutschfeste Oberfläche hat. Seitlich von jeder dritten Schießbahn sind Windfahnen aufgestellt, je eine 5 m vom Schützen entfernt und 20 m vor den Scheiben.

An einem geeigneten Ort zwischen den Schießbahnen und dem Aufenthaltsbereich der Trainer stehen während des Wettkampfes für jede teilnehmende Nation Ständer für je zwei Reservegewehre.

*gegenüber: Liegendschützen mit Gewehren im Anschlag*

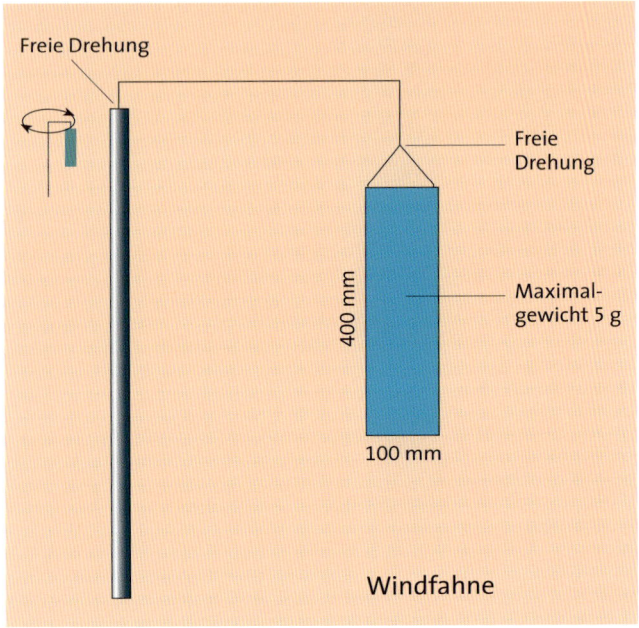

## Die Scheiben

Material, Größe und Anordnung der Scheiben haben abenteuerliche, heute zum Teil kurios anmutende Veränderungen hinter sich.

Der Durchmesser der zu treffenden Scheiben schrumpfte von einstmals 50 cm im Anschlag stehend auf heute 115 mm. Die heutigen 45 mm Scheibendurchmesser beim Liegendschießen nehmen sich ebenfalls winzig aus, verglichen mit den 25 oder 30 cm großen Spiegeln, auf die früher geschossen wurde. Die Anordnung der Scheiben variierte vom Muster einer Fünf auf einem Spielwürfel über die Dreiecksform bis hin zum heutigen Aussehen. 1980 wurde beschlossen, künftig in allen Disziplinen auf fünf nebeneinander angeordnete Scheiben zu schießen.

Noch zur Einführung des Staffellaufes im Jahr 1966 bestanden die Ziele aus Luftballons, die in eine quadrati-

# Biathlon heute

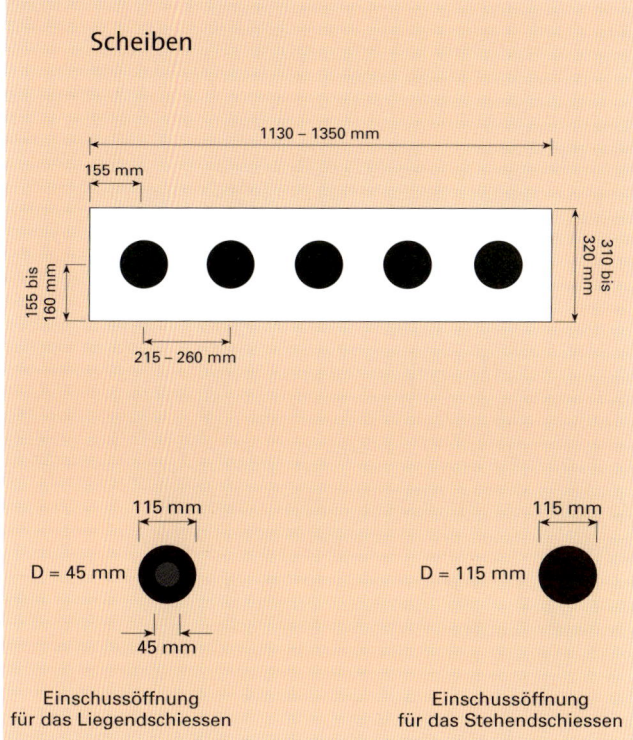

sche Pappfläche mit entsprechenden Kreisöffnungen eingepasst waren. Ein Jahr später wurde in Altenberg, erstmals bei Weltmeisterschaften, auf Scheiben aus schwarz eingefärbtem Sicherheitsglas geschossen.

Auch spektakulär zersplitternde Ton- und Keramikscheiben waren mal an der Tagesordnung. Heute werden im Training Karton- und Metallscheiben benutzt, im Wettkampf ausschließlich Scheiben aus Stahl.

Härte und Zähigkeit der verwendeten Stähle sind speziell auf die Energie der bleiernen Kleinkalibergeschosse abgestimmt, die mit einer Geschwindigkeit von 300 bis 350 m/s auftreffen. Für den Liegend-Anschlag wird eine stählerne Matrize vor die Schussplatten bugsiert, welche die Einschussöffnung auf 45 mm reduziert (Stehendschießen: 115 mm).

*folgende Doppelseite: die Schießanlage in Antholz*

### Die Schießanlage HoRa 2000 E

Bis auf wenige Ausnahmen wird im internationalen Biathlonsport die vollelektronische Schießanlage HoRa 2000 E verwendet. In der Saison 2000/2001 kam sie bei den Welt- und Europameisterschaften und bei acht der insgesamt neun Weltcupveranstaltungen zum Einsatz. Seit 1986 wird diese Anlage von der bayerischen Firma HoRa Systemtechnik GmbH unter der Leitung von Diplomingenieur Ralph Kleinekathöfer ständig vervollkommnet und den neuesten Entwicklungen im Biathlon angepasst.

Bei den ersten gemeinsamen Weltmeisterschaften von Männern und Frauen im Jahre 1989 im österreichischen Feistritz wurde dieser Schießstand erstmals bei einem internationalen Großereignis genutzt. Basis für die Aufzeichnung und Weiterleitung aller anfallenden Daten ist modernste Computertechnologie. Zwei Zentralrechner erfassen und speichern sämtliche Daten. Mehrere interne Drucker protokollieren alle Schießergebnisse. Angeschlossene Pentium-Notebooks und ein Monitor ermöglichen die Kontrolle und Überwachung aller Vorgänge am Schießstand während des Wettkampfes.

Mit der Erfassung und sofortigen Weiterleitung der Daten werden die Voraussetzungen für die Arbeit der Zeitnahmefirma, der Wettkampfleitung und für die Erstellung der Fernsehgrafiken geschaffen. Unmittelbar nach jedem Wettkampf können genaueste und übersichtliche Schießanalysen (Schießrhythmus, Schießzeiten, Platzierungen, Laufzeiten usw.) ausgedruckt und für die Jury und die Trainer zur Verfügung gestellt werden.

Aus Sicherheitsgründen werden alle Daten doppelt erfasst, in zwei getrennt arbeitenden Systemen, dem Haupt- und dem Backupsystem. Technische Pannen, menschliche Fehler oder solche verursacht durch Witterungseinflüsse können somit auf ein Minimum reduziert werden. Auch die Zeit bis zur Verkündung der offiziellen Ergebnisse hat sich im Vergleich zu früheren

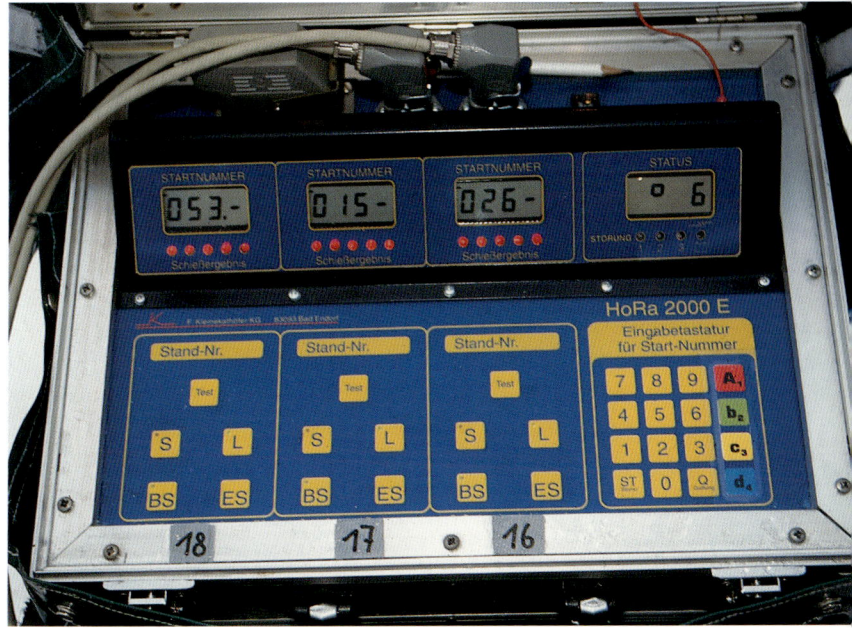

*Bedienterminal der Schießanlage HoRa 2000 E*

Anlagen (mit mechanischen Klappscheiben) enorm verkürzt.

Wie kann man das Funktionsprinzip dieser Anlage erklären?

Jeweils drei Schießstände werden von einem Eingabeterminal aus bedient. Pro Wettkampf sind zehn dieser Terminals in Betrieb, d. h., es werden zehn geschulte (freiwillige) Helfer benötigt. Mit dem Ablegen der Skistöcke des Athleten „aktiviert" der Bediener per Tastendruck die entsprechende Schießbahn. Dies ist der erste Datensatz, der von Zeitnahme und TV-Grafik registriert wird.

Anschließend wird die Startnummer eingegeben. Den Rest übernimmt die Schießstandelektronik. Schießrhythmus, Schießimpulse, Treffer und Fehlschüsse werden dann folgendermaßen ermittelt: Das Auftreffen der Kleinkalibergeschosse auf die starr montierten schwarzen Stahlscheiben wird durch einen elektronischen Drucksensor an der Rückseite dieser Stahlplatten erfasst, per Mikroprozessor analysiert und als Treffer bewertet, wenn das Signal, der Aufprall also, stark genug war. Das ist der Fall, wenn etwa 40 bis 50 % des Geschosses auf der Trefferfläche landen. Dabei ist unwichtig, ob es sich um Randtreffer oder Schüsse ins Zentrum der Scheibe handelt.

Äußerst zuverlässige Stellmotoren decken daraufhin die schwarze Trefferfläche mit einer weißen Kunststoffplatte ab und zeigen damit den erfolgreichen Schuss an. Nimmt der Athlet nach dem Schießen seine Skistöcke wieder auf, wird der „Datensatz" per Taste beendet und nochmals in seiner Gesamtheit zum Sicherheitsabgleich in die Zeitnahme geschickt. Die interne Verarbeitung und Kontrolle erfolgt über einen Großrechner und zwei Techniker der Herstellerfirma, die alle Bedienterminals überwachen.

*Nicht mehr als zwei Techniker überwachen die gesamte Schießanlage.*

## Der Wettkampfalltag

Die internationalen Spitzenbiathleten nehmen pro Winter an ungefähr 25 bis 35 Wettkämpfen teil, angefangen von Weltmeisterschaften, über Weltcupveranstaltungen bis hin zu nationalen Meisterschaften. Den Löwenanteil ihrer Zeit verschlingen allerdings, wie in jeder anderen Sportart auch, das Training und sehr sportspezifische Formen der unmittelbaren Wettkampfvorbereitung wie zum Beispiel das Skitesten, die Ausrüstungskontrolle oder das Anschießen.

Vor jedem Biathlonwettkampf haben die Athleten das Recht auf ein so genanntes offizielles Training. Dabei muss die Anlage (Schießstand und Laufstrecke) so präpariert sein wie zum Wettkampf und das Training muss zur gleichen Tageszeit stattfinden wie der Wettkampf selbst.

Vor dem Start müssen die Athleten entscheiden, welche Ski sich für die vor Ort herrschenden Bedingungen am besten eignen. In der Regel haben die Skitechniker des Teams für jeden Starter vier bis sechs Paar Ski präpariert. Ihre Schnelligkeit wird nun entweder von den Technikern oder von den Athleten selbst getestet, und zwar mithilfe elektronischer Zeitmessanlagen auf eigens dafür vorgesehenen Strecken.

Auch das Gewehr wird vor jedem Wettkampf noch einmal sorgfältig geprüft und „angeschossen". Das Anschießen beginnt eine Stunde vor dem Wettkampf und muss spätestens zehn Minuten vor dem Start des ersten Athleten beendet sein. Geschossen wird dabei auf Papier- oder Kartonscheiben. Zweck dieser Übung ist es, das Gewehr optimal auf die gegebenen Witterungsbedingungen abzustimmen, vor allen Dingen auf den Wind. Die Athleten fixieren eine so genannte Nullstellung am Diopter. Während des Wettkampfes liegt es dann im Ermessen des Schützen, an seiner Erfahrung und seinem Können, diese Justierung vor den jeweiligen Schießeinlagen den akuten Bedingungen entsprechend noch einmal zu verändern oder sie so zu belassen.

## Beispiel eines Wettkampftages

*Einzelwettkämpfe (100 Teilnehmer)*
*Starts: 10.00 Uhr und 13.00 Uhr*

| | |
|---|---|
| *07.00 Uhr* | *Die Temperatur im Skitestbereich wird bekannt gegeben* |
| *08.00 Uhr* | *Wettkampfleitersitzung* |
| *08.45 Uhr* | *Jurysitzung für den ersten Wettkampf (20 km Männer)* |
| *09.00 Uhr* | *Beginn des Anschießens der Männer* |
| *09.25 Uhr* | *Papierscheibenwechsel* |
| *09.30 Uhr* | *Fortsetzung des Anschießens, Beginn der Ausrüstungskontrolle, Start der Vorläufer* |
| *09.50 Uhr* | *Ende des Anschießens* |
| *10:00:30 Uhr* | *Erster Start* |
| *10.50 Uhr* | *Letzter Start/erste Zieleinläufe* |
| *11.45 Uhr* | *Letzte Zieleinläufe (geschätzt), Wettkampfjurysitzung* |
| *11.50 Uhr* | *Anschlag der vorläufigen Ergebnisliste* |
| *11.55 Uhr* | *Siegerpräsentation, Dopingkontrolle, Pressekonferenz* |
| *12.00 Uhr* | *Jurysitzung für den zweiten Wettkampf (10 km Frauen) Beginn des Anschießens der Frauen* |

Biathlon heute

| | |
|---|---|
| 12.05 Uhr | Ende der Protestzeit der Männer |
| 12.25 Uhr | Papierscheibenwechsel |
| 12.30 Uhr | Fortsetzung des Anschießens, Beginn der Ausrüstungskontrolle, Start der Vorläufer |
| 13:00:30 Uhr | Erster Start der Frauen |
| ... | ... |
| 15.00 Uhr | Ende der Protestzeit der Frauen Verkündung der endgültigen Ergebnisse, Pressekonferenz, Auswertungssitzung der Wettkampfleiter |

*Erschöpfung im Zieleinlauf 2001 in Pokljuka*

## Biathlon heute

15 Minuten vor dem Start muss jeder Athlet seine Ausrüstung kontrollieren lassen. Dabei wird genau darauf geachtet, dass sich in der Patronenkammer des Gewehrs oder im eingeführten Magazinschacht kein Schuss befindet, dass Gewicht, Abzugswiderstand und Form des Gewehrs den Auflagen entsprechen, dass der Athlet seine Startnummer trägt und dass sich auf seinen Ausrüstungsgegenständen nicht mehr Werbung als erlaubt befindet. Außerdem werden beide Ski und das Gewehr markiert. Nach dem Überqueren der Ziellinie folgt eine ähnliche Prozedur. Dann wird gecheckt, ob Patronenkammer und Magazin wieder leer sind, ob die Werbebestimmungen eingehalten wurden und ob der Wettkämpfer das Rennen mit dem markierten Gewehr oder dem Reservegewehr der Mannschaft und mit mindestens einem der markierten Ski beendet hat.

*Weltcup-Gesamtsieger 1998/1999: Magdalena Forsberg (SWE, links) und Sven Fischer*

# Biathlon heute

## Die Regeln

Biathlonregeln wurden erstmals 1955 formuliert. Ein Jahr später, auf dem Kongress des Internationalen Verbandes für Modernen Fünfkampf in Melbourne, wurden sie bestätigt und verabschiedet. Seitdem wird das umfangreiche Regelwerk ständig überarbeitet und ergänzt. Momentan gelten die Wettkampfregeln der Internationalen Biathlon Union von 1998, eingeschlossen alle Ergänzungen, die vom IBU-Kongress im Jahr 2000 beschlossen wurden.

Die wichtigsten Ziele dieser Regeln sind natürlich, allen Athleten faire Wettkämpfe zu garantieren, absolute Sicherheit für alle zu gewährleisten, die Umwelt so wenig wie möglich zu belasten, Doping und grobe Kommerzialisierung des Sports zu verhindern und nicht zuletzt die Attraktivität und Beliebtheit dieses Sports weiter zu erhöhen.

*Uschi Disl (vorn) beim Massenstart bei den WM 2000 in Oslo*

Einige Vorschriften und Regeln sind bereits erwähnt und erklärt worden (Ausrüstungskontrolle, Gewehrparameter und Wettkampfablauf). Ein weiterer, ungeordneter und unvollständiger Streifzug durch das Regeldickicht hellt das Biathlonbild vielleicht noch weiter auf!

Um die Einhaltung der Regeln zu überwachen, wird bei jeder Biathlonveranstaltung eine Wettkampfjury gewählt.

Sie sorgt auch dafür, dass am Schießstand und auf der Strecke die Sicherheit oberste Priorität hat. Während des Laufens muss das Gewehr auf dem Rücken getragen werden, und zwar immer mit dem Lauf nach oben.

*Staffelstart der Männer bei den Olympischen Spielen 1998 in Nagano*

Der Wettkämpfer darf es erst dann von der Schulter nehmen, wenn er die Schießbahn erreicht und die Skistöcke abgelegt hat. Den Lauf des Gewehrs muss er beim Laden und Entladen immer auf die Scheiben richten.

Biathlon heute

Außerdem darf sich weder beim Start noch nach den einzelnen Schießeinlagen, noch nach dem Zieldurchlauf eine Patrone im eingeführten Magazin oder in der Patronenkammer befinden. Regelverstöße in dieser Hinsicht werden drastisch bestraft, wie das folgende Beispiel zeigt: Saison 2000/2001 in Oberhof, Massenstart, die Spitzengruppe beim Stehendschießen. Der Tscheche Zdenek Vitek schaut ziemlich verdutzt drein, als seine Scheiben der Reihe nach abgeräumt werden, obwohl er gar nicht schießt! Sein Nachbar, der Russe Sergej Roshkov, ist in eine leichte „Schräglage" geraten, schießt also auf die falschen Scheiben und trifft sie alle fünf! Der Mann aus Tschechien zieht mehr oder weniger unverrichteter Dinge von dannen, hat aber noch drei Patronen im eingeführten Magazin und wird deshalb am Ende des Wettkampfes disqualifiziert. Der Russe geht ebenfalls wieder auf die Strecke. Da er aber auf die falschen Scheiben gezielt hat, hätte er fünf Strafrunden laufen müssen. Für jede nicht gelaufene

*folgende Doppelseite: In Hochfilzen kämpfen die Athleten vor beeindruckender Kulisse.*

*Zdenek Vitek (CZE) beim Staffelrennen in Hochfilzen/Antholz 2000*

Strafrunde bekommt er zwei Strafminuten „aufgebrummt". Damit wird Sergej Roshkov, obwohl er als Zweiter im Ziel ist, am Ende Letzter!

Hat ein Athlet bei einem Sturz sein Gewehr beschädigt oder ein Magazin verloren, so darf er bei Erreichen des Schießstandes vom dafür vorgesehenen Ständer das Reservegewehr der Mannschaft holen oder dort sein Magazin ersetzen. Muss ein Gewehr repariert werden, kann das der Athlet entweder selbst tun oder sich dabei helfen lassen. Diese Hilfe darf er sich allerdings nur auf dem Schießstand holen, vom dort eingesetzten Waffenmeister oder einem Wettkampffunktionär.

Einen seiner Ski darf der Athlet unterwegs austauschen, wenn dieser gebrochen oder eine Bindung beschädigt ist. Auf gar keinen Fall beide! Zerbrochene Stöcke oder gerissene Riemen dagegen können komplett erneuert werden. Die Gleiteigenschaften der Ski dürfen nach dem Start nicht verändert werden, heißt im Klartext: Einmal verwachst, immer verwachst!

*Staffelstart beim Weltcuprennen 1996 in Hochfilzen*

Der Skatingschritt, also der seitliche Ausfallschritt mit einem oder beiden Beinen, den die Biathleten in der Regel anwenden, darf bei Staffel- oder Massenstarts auf den ersten Metern so lange nicht angewendet werden, wie noch Parallelspuren gezogen sind.

Verläuft sich ein Athlet, muss er auf der Strecke zu dem Punkt zurücklaufen, an dem er falsch abgebogen ist. Da die Strecken mit farbigen Tafeln markiert sind, kommt das allerdings immer seltener vor. Bei internationalen Veranstaltungen sind die Strecken übrigens auf einer Breite von mindestens 6 m präpariert. Vorgeschrieben ist auch, dass der höchste Punkt der Strecke nicht oberhalb von 1800 m gelegen sein darf.

Am Schießstand bzw. innerhalb eines Bereichs, der 10 m vor dem Schießstand beginnt und 10 m dahinter endet, darf der Trainer den Athleten weder sichtbar noch hörbar etwas mitteilen. Per Sprechfunk werden alle Hinweise weitergegeben auf die Strecke, wo ein zweiter Trainer bzw. Begleiter steht, der die passierenden Athle-

*Während des Wettkampfes dürfen die Athleten nur auf der Strecke von den Trainern informiert oder beraten werden, wie hier Sven Fischer.*

ten informieren kann und darf. Es ist allerdings nicht erlaubt, auf Ski neben einem Athleten herzulaufen oder ihn gar anzuschieben. In der Regel heißt es dazu: „Es ist verboten, den Wettkämpfer so zu berühren, dass dadurch seine Fortbewegung unterstützt wird."

Immer strenger werden auch die Vorschriften, was die Werbung betrifft. Es ist sehr genau festgelegt, wie groß die Aufdrucke, Aufnäher oder Aufkleber auf Handschuhen, Ski, Gewehren, Mützen, Stirnbändern, Ohrenschützern, Brillen, Startnummern usw. sein dürfen. Erst zehn Meter hinter der Ziellinie dürfen die Wettkämpfer Gewehr oder Ski eigens zum Zwecke der Werbung zeigen.

Natürlich werden bei allen Biathlonveranstaltungen Dopingkontrollen vorgenommen. Bei Weltmeisterschaften werden Proben der Wettkämpfer auf den Plätzen 1 bis 4 getestet, bei Weltcuprennen die der Sieger. Zusätzlich wird ein weiterer Athlet per Los ermittelt. Bereits seit der Saison 1997/1998 führt die IBU bei zwölf Athleten pro Wettkampf auch Blutkontrollen durch, bei denen die Hämoglobinwerte (Anteil der roten Blutkörperchen im Blut) ermittelt werden. Überschreiten diese einen festgelegten Wert, führt das zu einer siebentägigen Schutzsperre für den Betroffenen. In der Saison 2000/2001 wurden zusätzlich bei ausgewählten Wettbewerben Kontrollen auf das Blutdopingmittel EPO vorgenommen, die in der Saison 2001/2002 ausgeweitet werden. Bisher verliefen diese Tests jedoch alle negativ.

## Die Trainer

Biathlonstrainingslager gibt es in Hammer, in Trusetal, in Scheibe-Alsbach, Neuastenberg, Clausthal-Zellerfeld, Mittenwald, Bayerisch Eisenstein, Oberwiesenthal, in Altenberg, Ruhpolding und Oberhof. Überall dort leisten Übungsleiter, Vereins-, Stützpunkt- und Landestrainer, häufig ehrenamtlich, ihre Arbeit.
In der 1993 gegründeten Trainerschule des Deutschen Skiverbandes (DSV) können drei verschiedene Lizenzen (A,B oder C) erworben werden. Hat man die Ausbildung dort abgeschlossen, kann man ein Studium an der Trainerakademie des Deutschen Sportbundes (DSB) in Köln aufnehmen, das mit einem Trainer-Diplom des DSB abschließt. Im Bereich Biathlon arbeiten in Deutschland derzeit 101 lizenzierte Trainer. 33 von ihnen sind im Besitz der A-Lizenz.
Bundestrainer der deutschen Biathlonnationalmannschaften sind derzeit Uwe Müssiggang (Frauen), Frank Ullrich (Männer), Fritz Fischer (Junioren) und Remo Krug (Juniorinnen). Alle diese Herren sind zugleich auch Manager, Psychologen, Mediziner, Biochemiker, Biomechaniker, Techniker, darüber hinaus Ansprechpartner für die Medien und somit auch Werbefachleute in eigener Sache.
Doch bleiben wir beim alltäglichen Training. In kaum einer anderen Sportart müssen Trainer so vielfältige Inhalte vermitteln, angefangen von grundlegenden Techniken beim Laufen und Schießen bis hin zu so komplexen Fähigkeiten wie Koordination, Konzentrationsvermögen, mentale Stärke und extreme Körperbeherrschung unter höchster Belastung. Da kann es kein Patentrezept geben. Wie sehen sie selbst ihre Aufgabe? Was macht ihrer Meinung nach das Biathlontraining aus?

*folgende Doppelseite: Im Vordergrund der Tscheche Petr Garabik beim Weltcupwettbewerb 1999 in Hochfilzen*

Uwe Müssiggang: „Man muss Biathlon als Zweikampfsportart in jeder Hinsicht verstehen. Auch im Training kannst du nichts losgelöst von allen anderen Dingen betrachten. Doppelbegabungen wie die Schwedin Magdalena Forsberg gibt es nur sehr selten. Uschi Disl zum Beispiel ist eindeutig die bessere Läuferin, Martina Glagow hat ihre Stärken vor allem im Schießen."

*Martina Glagow, WM-Zweite 2001 beim Massenstart*

Frank Ullrich: „Stärken ausbauen? Schwächen abbauen? Es ist Ermessenssache, wie du vorgehst. Abgestimmt auf jeden Einzelnen. Ich nutze die Zeit im Frühjahr und im Sommer, um gezielt Schwächen abzubauen, versuche aber, Stärken gleichzeitig beizubehalten. Nur mäkeln lässt meiner Meinung nach die Stärken verkümmern."

Fritz Fischer: „Die Methodik des Trainings ist oft ähnlich. Ich versuche, menschlich nahe heranzukommen an die Jungs, ihren Charakter zu formen. Vorn auf der

Matte, da sind sie am Abzug. Da zeigt sich der wahre Charakter. Fehler dürfen sie ruhig machen, nur nicht jede Woche die gleichen."

Uwe Müssiggang: „Wir versuchen, viele Wege auszuloten. Nicht alle führen zum gewünschten Erfolg. Als sehr schwierig stellte sich heraus, das Unterbewusstsein ins Training einzubeziehen. Auch die Zusammenarbeit mit führenden Sportpsychologen des Landes hat keine ultimativen Erkenntnisse gebracht."

Fritz Fischer: „Wenn Michael Schumacher mit 200 km/h durch die Kurve rast, dann muss alles passen. Man muss seinen Körper in jeder Stresssituation kennen, muss herausbekommen, wie der auf psychischen Druck reagiert. Ich habe mich darüber mit Michael Schumacher unterhalten, auch mit Jürgen Klinsmann und Boris Becker. Und Tiger Woods, den Golfer, habe ich genauestens beobachtet. Ich glaube, es ist sehr wichtig für die Athleten, wirklich ständig an ihrem Körpergefühl zu arbeiten."

*Raphael Poirée (FRA), 2001 Weltmeister im Staffel- und Massenstart, Gesamt-Weltcupsieger 2000/2001*

Enorm wichtig sind natürlich die Wettkampferfahrungen, die die Trainer selber mitbringen. Wohl deshalb sind in Norwegen, Russland, Italien, Kanada, Schweden, der Schweiz, der Ukraine, Tschechien, den USA und auch in Deutschland fast alle Athleten, die es weit gebracht haben, mittlerweile als Trainer tätig. Die Franzosen gingen noch weiter, sie heuerten einen Olympiasieger im Sportschießen an. Mit Erfolg! In Deutschland stößt dieses Jahr mit Mark Kirchner (dreimaliger Olympiasieger und siebenfacher Weltmeister) der nächste Prominente zu einem hochkarätigen Trainerteam: Fritz Fischer war 1992 Staffelolympiasieger, Klaus Siebert 1979 20-km-Weltmeister, der neunfache Weltmeister und Olympiasieger Frank Ullrich ist einer der erfolgreichsten Biathleten aller Zeiten.

Die erste Trainingsetappe umfasst den Zeitraum von Mai bis Juli. Frank Ullrich: „In dieser Phase legen wir sehr viel Wert auf Vielseitigkeit. Rad fahren, Paddeln, Crosslauf, Krafttraining und Schwimmen stehen auf dem Programm, natürlich auch Ballspiele. Beim Schießtraining im Sommer wird vor allem das Gleichgewicht geschult, die Konzentration und die Willenskraft. Schießabläufe werden verinnerlicht, die Anschlaghaltung stabilisiert."

Die zweite Etappe beginnt ungefähr Ende Juli und endet Anfang Oktober. Darin eingeschlossen sind Höhentrainingslager, wo vor allem auf Skirollern trainiert wird. In Deutschland wird bei den so genannten Herbstleistungskontrollen, mehrere Skirollerwettkämpfen in Oberhof und Ruhpolding, der momentane Leistungsstand ermittelt.

Mitte Oktober etwa ist es so weit. Etappe 3, das Schneetraining, beginnt, meist auf Gletschergipfeln. Alles in allem kommen pro Saison bestimmt 8000 bis 10000 km zusammen, auf dem Mountainbike, auf Skirollern, per pedes oder auf Langlaufski. Geschossen wird in der Vorbereitung pro Nase ungefähr 8000- bis 14000-mal. Dazu kommt noch das Trockentraining (zielen und abdrücken, ohne einen Schuss abzugeben) und das Schießen mit dem Laser-Simulationsgewehr.

*gegenüber: Mark Kirchner wurde in Albertville Olympiasieger im Sprint und mit der Staffel, er gewann Silber über 20 km.*

Mit vielen weiteren Trainingseinheiten kombiniert, beginnt Anfang Dezember die Wettkampfsaison, die sich bis Mitte März hinzieht. Das ganze Jahr über arbeiten Trainer und Athleten selbstverständlich eng mit einem Stab von Co-Trainern, Technikern, Physiotherapeuten, Medizinern und wissenschaftlichen Beratern zusammen.

*Ludwig Gredler (AUT) im September 2000 beim Skirollertraining*

## Die Stars

Wohl in keiner anderen Sportart liegen die Leistungen der einzelnen Athleten so dicht beieinander wie bei den Biathleten. Einen einsamen Spitzenreiter, der alles abräumt, gibt es nicht, stattdessen eher ein ganzes Feld von Sportlern, deren Leistungsniveau zumindest so ausgeglichen ist, dass die Wettkämpfe immer spannend sind. Ein bisschen Statistik mag das belegen: Bei den Weltmeisterschaften 2001 landeten in den Männerwettbewerben neun verschiedene Athleten aus acht Nationen auf den Medaillenrängen. Ähnlich die Konstellation bei den Frauen. Da teilten sich sieben Biathletinnen aus fünf Ländern Gold, Silber und Bronze. Jeweils über siebzig Frauen und Männer holten sich in der Saison 2000/2001 Weltcuppunkte, das heißt, sie gehörten mindestens einmal zu den dreißig Besten eines Rennens.

*Ole-Einar Bjoerndalen, Zweiter, Raphael Poirée Erster, und Sven Fischer, Dritter des WM-Massenstartrennens 2001 in Pokljuka (v. l.)*

Dennoch gibt es immer wieder herausragende Biathleten. Zu den derzeitigen gehören auf alle Fälle die vier Mitglieder des Athletenkomitees der Saison 2000/2001: Magdalena Forsberg (SWE), Uschi Disl, Ole-Einar Bjoerndalen (NOR) und Ricco Gross.

Das Athletenkomitee setzt sich aus zwei weiblichen und zwei männlichen Vertretern zusammen, die vom Vorstand der IBU auf Vorschlag der Athleten ernannt werden. Dieses Komitee soll gleichzeitig „Sprachrohr" der Athleten und Bindeglied zwischen ihnen und den Organen der IBU bzw. den Veranstaltern sein.

*Kati Wilhelm holte sich bei den Weltmeisterschaften 2001 überraschend die Goldmedaille im Sprintwettkampf.*

Biathlon heute

Magdalena Forsberg (*25. Juni 1967) ist eine absolute Ausnahmeerscheinung im Biathlonsport. Seit 1997 wurde sie sechsmal Weltmeisterin. In der Saison 1995/1996 gelang ihr in Ruhpolding der erste Weltcupsieg. Mittlerweile ist sie bei sage und schreibe 33 Erfolgen angekommen. Einsame Spitze bei Frauen und Männern! Allein im Winter 2000/2001 zeigte sie der Konkurrenz 14-mal die Enden ihrer Ski, gewann dabei zwei Weltmeistertitel. Damit holte sie zum fünften Mal in Folge den Gesamt-Weltcup. Ein Rekord für die Ewigkeit! Nicht nur in Schweden ist sie bereits jetzt eine Legende.

*Magdalena Forsberg (SWE) vor Kati Wilhelm im WM-Verfolgungsrennen 2001*

Im März 2002 wird sie bei einer eigens ins Programm genommenen Weltcupveranstaltung im heimischen Østersund verabschiedet.

Biathlon heute

Uschi Disl (*15. November 1970) ist neben der nicht mehr aktiven Petra Behle Deutschlands erfolgreichste Biathletin. 1991 gelang ihr im französischen Les Saisies der erste Weltcuptriumph. Zehn Jahre später, bei der Generalprobe für Salt Lake City 2002, Erfolg Nr. 20, wieder in einem Sprintrennen. Seit 1991 ist die Frau aus Bayern auch bei Weltmeisterschaften in der Spur, wo sie bereits viermal Startläuferin in deutschen Goldstaffeln war (1995, 1996, 1997, 1999) und einmal Gold mit der Mannschaft gewann, 1996 in Ruhpolding. In Einzelrennen holte sie dreimal WM-Silber und einmal -Bronze. Dazu kommen mittlerweile sechs olympische Medaillen. Allein von den Olympischen Spielen 1998 in Nagano brachte sie einen kompletten Satz mit nach Hause.

*1998 in Nagano gewann Uschi Disl Gold mit der Staffel, Silber im Sprint und Bronze über 15 km.*

Biathlon heute

Ole-Einar Bjoerndalen (*27. Januar 1974) stammt aus dem norwegischen Örtchen Simostranda. Der vielleicht beste Techniker auf den schmalen Brettern startete seine internationale Karriere mit drei Juniorenweltmeistertiteln im Jahr 1993. Bereits fünf Jahre später wurde er in Nagano Olympiasieger im Sprint und holte Silber mit der norwegischen Staffel. Seinen ersten Weltcuperfolg landete der Norweger im Januar 1996 in Antholz. Mittlerweile hat er diese Zahl auf stolze 22 erhöht! Damit ist er bei den Männern unangetastet die Nummer eins. Allein in der Saison 2000/2001 ließ er die Konkurrenz achtmal hinter sich. Auch bei allen drei Wettbewerben auf den Strecken von Soldier Hollow (USA), auf denen 2002 die Olympiamedaillen vergeben werden.

*Ole-Einar Bjoerndalen 1996 in Pokljuka. Im selben Jahr gewann er in Antholz sein erstes Weltcuprennen.*

Biathlon heute

*Ole-Einar Bjoerndalen*

Ricco Gross (*22. August 1970) lief gleich bei seiner ersten Weltmeisterschaft in einer deutschen Goldstaffel. So begann 1991 in Lahti eine steile Karriere. Es folgten Staffelweltmeistertitel 1995 und 1997, dazu drei olympische Staffelgoldmedaillen (1992, 1994, 1998). 1997 wurde er Weltmeister über 20 km, zwei Jahre später im Verfolgungswettbewerb. Die olympischen Sprintrennen der Jahre 1992 und 1994 beendete er jeweils auf dem Silberrang.

*gegenüber:
Rico Gross 2000
in Ruhpolding*

Biathlon heute

Biathlon heute

## Biathlon heute

*vorhergehende Doppelseite: Dieses deutsche Staffelquartett wurde Olympiasieger 1998: Sven Fischer, Peter Sendel, Ricco Gross und Frank Luck (v. l.)*

*dieselben 2002 Salt Lake Silber*

Raphael Poirée (*9. August 1974) hatte als Schlussläufer entscheidenden Anteil daran, dass zum ersten Mal in der Biathlongeschichte im Februar 2001 in Pokljuka Frankreich den Staffelweltmeister der Männer stellte. Zuvor hatte er dort bereits seinen Weltmeistertitel im Massenstart (Oslo, 2000) erfolgreich verteidigt und im Verfolgungsrennen den zweiten Platz belegt. Ende der Saison 2000/2001 wurde er zum zweiten Mal hintereinander als Weltcup-Gesamtsieger geehrt.

## Biathlon heute

Liv-Grete Skjelbreid-Poirée (*7. Juli 1974) war in der Saison 2000/2001 ähnlich erfolgreich wie ihr Ehemann Raphael Poiree. Acht Monate nach der Hochzeit im Mai 2000 holte die Norwegerin bei den Welttitelkämpfen in Pokljuka vier Medaillen, darunter die goldene im Verfolgungsrennen. Bereits ein Jahr zuvor hatte sie im heimischen Oslo Weltmeisterschaftsgold im Sprint und im Massenstart gewonnen.

*Erfolgreiche Biathlon-Ehe: Liv-Grete Skjelbreid und Raphael Poirée*

# Biathlon heute

*Frank Luck (l.) und sein langjähriger Trainer Frank Ullrich – zwei der erfolgreichsten Biathleten der Welt*

Frank Luck (*5. Dezember 1967) hat es wie Bundestrainer Frank Ullrich auf die fast unglaubliche Zahl von neun Weltmeistertiteln gebracht. Den ersten ersprintete er sich 1989 im österreichischen Feistritz, den vorläufig letzten im Jahr 2000 in Oslo, im Verfolgungswettbewerb. 1994 und 1998 gewann er olympisches Gold mit den deutschen Staffeln. Insgesamt hat er 21 Olympia- und Weltmeisterschaftsmedaillen nach Thüringen geholt.

*gegenüber: Frank Luck als Schlussläufer der deutschen Goldstaffel bei den Olympischen Winterspielen 1998*

## Biathlon heute

Sven Fischer (*16. April 1971) war 1999 in Oslo zweimal zu Gast in der Loge des norwegischen Königs, um dort die Glückwünsche zu seinen Weltmeistertiteln über 20 km und im Massenstart entgegenzunehmen. Zweimal lief er auch in goldenen WM-Staffeln (1995, 1997) und zweimal feierte er mit deutschen Staffeln Olympiasiege (1994, 1998). Zweimal wurde er Weltcupgesamtsieger (1997, 1999), schließlich holte er zweimal Bronze bei den Titelkämpfen 2001 in Pokljuka und gewann zweimal bei Weltcuprennen der Saison 2000/2001. Damit hat er nunmehr 19 Weltcuperfolge auf seinem Konto und wird in dieser Hinsicht nur vom Norweger Ole-Einar Bjoerndalen übertroffen.

*Bei den Weltmeisterschaften 2001 holte Sven Fischer Bronze im Massenstartwettkampf und im Verfolgungsrennen.*

# Biathlon heute

**Corinne Niogret** (*20. November 1972) ist seit 1992 nicht mehr aus der Weltspitze wegzudenken. Damals begann die Französin ihre internationale Karriere mit einer olympischen Goldmedaille in ihrem Heimatland. Frankreich gewann bei der Biathlon-Olympiapremiere der Frauen in Albertville die 3-x-7,5-k-m-Staffel. 1995 holte sie in Antholz, wie Uschi Disl, vier WM-Medaillen, darunter Gold über 15 km. Fünf Jahre später war sie in Oslo auf dieser Strecke noch einmal die Beste der Welt.

*Corinne Niogret holte bei den WM 2001 Silber im Verfolgungswettkampf.*

## Biathlon heute

**Olena Zubrilova** (*25. Februar 1973) bekam 1997 in ihrer ukrainischen Heimat den Spitznamen „Silberlady" – nach drei Vizeweltmeistertiteln kein Wunder. Zwei Jahre später war ein neuer Name fällig. Bei den Welttitelkämpfen in Kontiolahti und Oslo ließ sie der Konkurrenz gleich dreimal keine Chance und gewann noch dazu eine Bronzemedaille.

*Olena Zubrilova beim Sprint der Frauen beim Weltcup in Pokljuka/ Antholz 2000*

Biathlon heute

Pavel Rostovtsev (*21. September 1971) gehört zu den herausragenden Biathleten der letzten beiden Winter. Den drei silbernen WM-Medaillen und dem Staffelgold aus dem Jahr 2000 in Oslo ließ er ein Jahr später in Pokljuka zwei Titelgewinne folgen, im Sprint und in der Verfolgung.

*Pavel Rostovtsev (RUS) gewann den 10-km-Sprint der WM 2001 in Pokljuka.*

*nächste Doppelseite: Massenstart bei den WM in Pokljuka 2001*

Biathlon heute

## Die Helfer

Biathlongroßveranstaltungen erfordern einen riesigen personellen und technischen Aufwand. Viel Arbeit also für die Organisationskomitees der einzelnen Austragungsorte und die jeweils 300 bis 400 freiwilligen Helfer. Schon die Akkreditierung aller Teilnehmer, Helfer und Offizielle erfordert Organisation. Die Logistik dieser drei- bis fünftägigen Ereignisse ist ein Mammutunternehmen.

Der tägliche Transport der Sportler, aber auch des Publikums will organisiert sein. Die Parkplätze müssen bewacht, für das leibliche Wohl aller muss gesorgt, die ärztliche Notversorgung vor Ort muss organisiert werden, Sicherheit allerorten gewährleistet sein. Die Medienvertreter wollen betreut und mit Informationen gefüttert, die VIPs verwöhnt werden. Dazu kommen natürlich jegliche Arbeiten auf der Strecke, am Schieß-

*Die Helfer der Biathlon-WM 1996 in Ruhpolding werden vom Publikum begrüßt.*

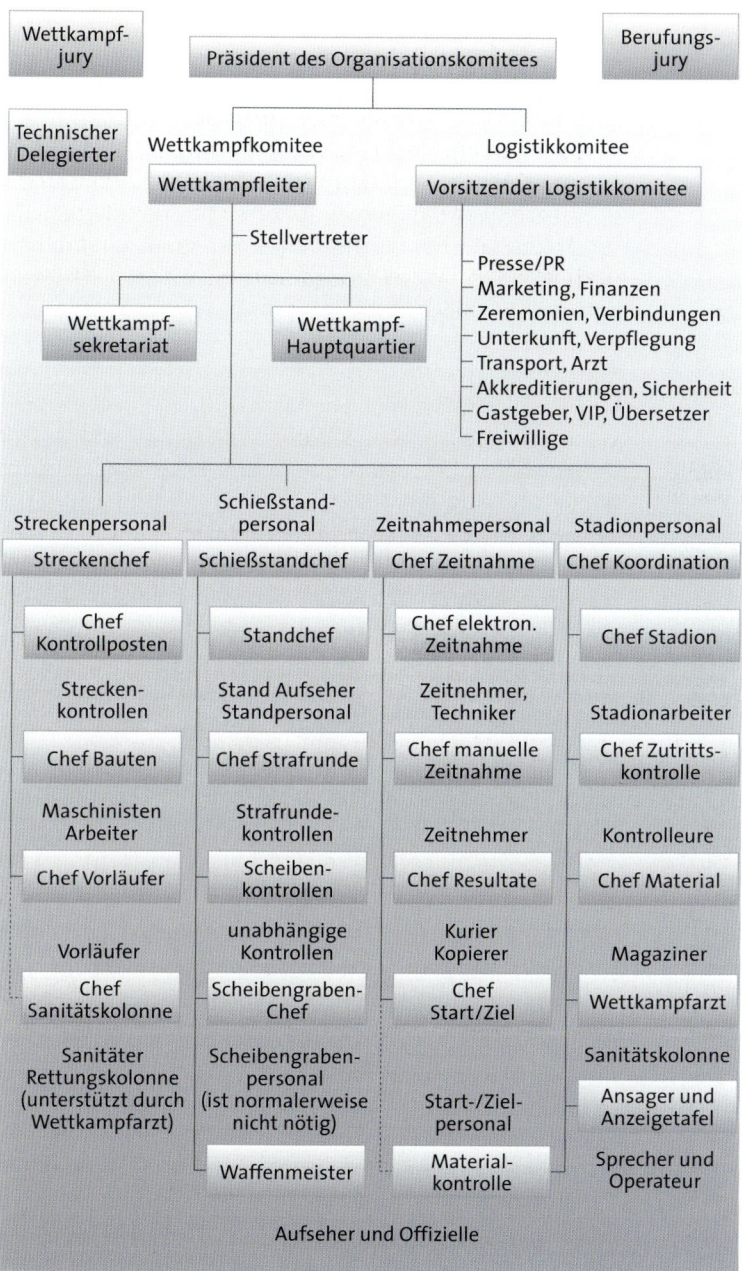

stand, im Stadion und bei der Zeitnahme. Hier geht es beim Wettkampfleiter los und endet bei Streckenposten, man braucht Sanitäter, Ärzte, Vorläufer, Strafrundenaufseher, Starthelfer, Zeitnehmer, Zutritts-, Ausrüstungs- und Zieleinlaufkontrolleure, Stadionsprecher und Pistenraupenfahrer. Bei dem Stress, den ein möglichst reibungsloser Ablauf verursacht, ist es ganz sicher schwierig, sich jederzeit an Punkt d) der „Allgemeinen Funk- und Telefonanwendungsgrundsätze" des IBU-Regelwerks zu halten, wo zu lesen ist: Fluchen verboten!

## Die natürlichen Feinde

*Bei klirrendem Frost, das heißt unter minus 20 Grad Celsius, werden die Biathleten nicht auf die Strecke geschickt.*

Eigentlich hat der Biathlonsport nur Freunde ... und dank der immer attraktiver werdenden Wettbewerbe, vielleicht auch der deutschen Erfolge wegen, werden es insbesondere hierzulande ständig mehr. Nur Kälte und

### Biathlon heute

Wärme, Nebel, Schnee und Wind machen den Biathleten hin und wieder einen Strich durch die Rechnung. Wenn die Temperaturen unter minus 20 Grad Celsius sinken, gemessen 1,5 m über dem Boden und am kältesten Punkt der Strecke, dann dürfen Biathleten nicht mehr auf die Strecke geschickt werden. Unvergessen bleiben in diesem Zusammenhang die eisigen Tage der Weltmeisterschaften 1999 im finnischen Kontiolahti. Die erfinderischen Gastgeber versuchten die Natur mit abenteuerlichsten Tricks zu überlisten. Mal sollten riesige Ventilatoren die Strecke erwärmen, mal prasselnde Lagerfeuer, mal Hubschrauber mit ihren Rotoren warme Luft nach unten drücken. Es half alles nichts. Die Quecksilbersäule kam nicht aus dem Keller. Tagelang minus 30 Grad Celsius, teilweise sogar minus 38 Grad! Tagelang kein Wettkampf!

Wärme ist natürlich genauso hinderlich. Frühlingshafte Temperaturen in beinahe ganz Europa sorgten zu Beginn der Weltcupsaison 2000/2001 dafür, dass die Veranstaltungsorte Hochfilzen in Österreich, Pokljuka in Slowenien und Osrblie in der Slowakei absagen mussten. Kein Schnee! Dadurch war der Tross der Biathleten gezwungen, drei Wochen hintereinander im italienischen Antholz Station zu machen. Einmalig in der Biathlongeschichte.

Erst die Wärme und dann der Nebel machten die Welttitelkämpfe 1990 zu einer schier unendlichen Geschichte. Es begann im weißrussischen Minsk. Als die Athleten dort bis zu den Knöcheln in Schneematsch und Dreck versanken, wurden die weiteren Wettbewerbe nach Oslo verlegt. Dort musste dann das abschließende Staffelrennen der Männer abgebrochen werden. Beim vierten und damit letzten Läufer und einer deutlichen Führung des Quartetts aus der DDR legte sich der Nebel so dick und undurchsichtig zwischen Schützen und die 50 m entfernten Scheiben, dass die Jury wegen irregulärer Bedingungen abbrechen musste. Zehn Jahre später Duplizität der Ereignisse. Wieder Oslo, wieder eine Weltmeisterschaft, wieder Nebel, wieder die Männer der deutschen Staffel in Führung, wieder Abbruch!

## Biathlon heute

Zu heftiger Schneefall hat die Biathleten erst zweimal bei internationalen Großereignissen zur Aufgabe gezwungen. Zuletzt bei den Olympischen Winterspielen 1998 in Nagano.

Und der Wind? Der ist eigentlich immer unbeliebt! Insbesondere, wenn er heftig weht und unberechenbar dreht! Aber all diese Einflüsse machen natürlich auch den Reiz und die Spannung bei Biathlonwettkämpfen aus.

*Abbruch des Staffellaufs wegen zu dichten Nebels bei den WM 2000*

Biathlon heute

*Magdalena Forsberg (SWE), die erfolgreichste Biathletin der Welt, wird 2002 bei einer eigens ins Programm genommenen Weltcupveranstaltung im heimischen Østersund verabschiedet.*

## Die Öffentlichkeit

Biathlon ist ein Sport, der mittlerweile Millionen begeistert. Zehntausende Fans pilgern Jahr für Jahr in die Biathlonstadien, um die Wettbewerbe hautnah zu erleben. Auf Großbildleinwänden bekommen sie Szenen serviert, die ihren Augen bisher verborgen geblieben sind. Ermöglicht durch das Fernsehen. Zeitlupenwiederholungen von mitreißenden Massenstarts, wirbelnde Arme und Beine, packende Überholmanöver, rasante Abfahrten, Nahaufnahmen vereister Augenlider, trudelnder Patronenhülsen, schmerzverzerrter Gesichter oder überglücklicher Sieger.

*Frank Luck konzentriert*

## Biathlon heute

Neben Fußball, Formel 1, Boxen und Skispringen gehört Biathlon seit Jahren zu den Topfavoriten der Fernsehzuschauer. Allein in der Saison 2000/2001 übertrugen ARD und ZDF mehr als siebzig Stunden von Biathlon-Weltcupveranstaltungen und den Weltmeisterschaften in Pokljuka. Dabei flimmerten 54 Wettbewerbe über die Bildschirme, verfolgt von zeitweise über fünf Millionen Zuschauern! Die erreichten Einschaltzahlen ließen manchen TV-Unterhaltungsmacher vor Neid erblassen. Die höchsten Marktanteile gab es mit 41,5 % beim Staffelweltmeisterschaftsrennen der Frauen. Der höchste Zuschauerdurchschnitt wurde mit 4,18 Millionen während des Massenstartrennens der Männer beim Weltcupfinale in Oslo ermittelt. Auch bei Eurosport und

*Das Verfolgungsrennen der Frauen bei den WM 2001 war ein echter Publikumsrenner (vorn Katrin Apel).*

dem staatlichen norwegischen Fernsehen NRK freut man sich bei Biathlonereignissen über eine ausgezeichnete Sehbeteiligung.
Seit 1991 kooperieren die so ähnlich klingenden Organisationen IBU und EBU sehr erfolgreich – die Internationale Biathlon Union und die Vereinigung der öffentlich-rechtlichen Fernsehsender Europas. Beinahe

folgerichtig wurde der Vertrag zwischen ihnen erst kürzlich bis 2006 verlängert. Dazu Anders Besseberg (NOR), seit 1992 Präsident der IBU: „Für die Weiterentwicklung des Biathlonsports ist die Zusammenarbeit mit dem Fernsehen unverzichtbar. Beim Vertragsabschluss mit der IBU haben wir bewusst darauf verzichtet, kurzfristig mehr Geld zu machen, das heißt Angebote privater Anbieter anzunehmen, weil wir mit der bisherigen Zusammenarbeit sehr zufrieden sind. Durch spannende Live-Übertragungen und eine ideenreiche Berichterstattung darüber hinaus wird unser Sport für die Zuschauer immer attraktiver. Mithilfe der öffentlich-rechtlichen Sender soll er weiterhin so vielen Menschen wie möglich zugänglich gemacht werden."

Der technische Aufwand wächst von Jahr zu Jahr. Zum Teil verfolgen bereits zwanzig Kameras das Wettkampfgeschehen. Optische Leckerbissen liefern dabei

## Biathlon heute

ferngesteuerte Mini-Kameras zwischen Scheiben und Schützen oder neben den Athleten auf Schienen rasende Kugelkameras, wie sie zum Beispiel auf dem Holmenkollen in Oslo eingesetzt werden.

Um die Fernsehzuschauer noch anschaulicher und umfassender zu informieren, werden Grafiken verwendet. Wichtigster Partner der Biathleten bzw. der übertragenden Fersehanstalten ist dabei die Südtiroler Firma SIWIDATA. Sie hat ein telegenes Layout entwickelt, um interessante Daten wie Zwischenzeiten, Rückstände, Platzierungen, Schießfehler, Schießrhythmen, gleichermaßen originell wie übersichtlich ins Fernsehbild zu integrieren. Ein rotes Aufflackern der Scheibensimulation zeigt Fehlschüsse an, ein kleiner werdender Stapel Patronen gibt Auskunft über die noch verbleibenden Schüsse, Windräder drehen sich – Namen, Zahlen, Fakten ohne Ende.

Im Internet ist Biathlon seit etwa fünf Jahren auf dem Vormarsch. 1996 schuf die IBU ihre Verbands-Homepage, ein Jahr später folgten die Seiten des Deutschen Skiverbandes und eine spezielle Biathlonadresse – www.biathlon.de. Die Websites der internationalen Biathlonveranstalter, von denen die meisten Ende der Neunzigerjahre ins Netz gestellt wurden, werden seit 1998 ständig umfangreicher und informativer. Natürlich beinhaltet auch der Fernsehvertrag zwischen IBU und EBU interessante Internetprojekte.

Auch die Wintersportvereine leisten natürlich ihren Beitrag, die Biathlonfangemeinde ständig zu vergrößern. Etwa fünfzig Vereine in Deutschland haben Biathlonabteilungen. Knapp die Hälfte verfügt über Schießstände. Die Angebote in Ruhpolding, Oberhof und vielen anderen Orten reichen vom „Schnupperschießen" bis zum Jedermann-Mountainbike-Biathlon. Unterstützt werden sie dabei vom Deutschen Skiverband. Bereits seit einiger Zeit werden Sommercamps veranstaltet, bei denen mithilfe von transportablen Luftgewehr-Klappscheibenanlagen, Leihgewehren, Skirollern oder Inlineskates Biathlon immer mehr Interessenten zugänglich gemacht wird.

*gegenüber:
Die Biathleten sind das ganze Jahr aktiv. Fans und Neueinsteiger können ins Sommercamp, die Profis müssen ins Trainingslager.*

## Biathlonadressen im Internet

### Internationale Biathlonunion (IBU)

*www.ibu.at*

### Deutscher Skiverband (DSV)

*www.ski-online.de*

### Österreichischer Skiverband (ÖSV)

*www.oesv.at*

### Olympische Winterspiele 2002

*www.slc2002.org*
*www.saltlake2002.com*

### Ausgewählte Biathlonveranstalter

*www.biathlon-ruhpolding.de*

*www.biathlon-oberhof.de*

*www.biathlon-antholz.it*

*www.biathlon-pokljuka.com*

*www.biathlon-hochfilzen.at*

*www.biathlon-osrblie.sk*

*www.biathlon-hautemaurienne.com*

*www.skiforeningen.no/wcb (Oslo)*

*www.harz.de/wsv (Clausthal-Zellerfeld)*

Nationale Verbände

*www.skiskyting.no (Norwegen)*

*www.slovenija-ski.net (Slowenien)*

*www.biathlon.sk (Slowakei)*

*www.biathlon.ru (Russland)*

*www.ski.nl (Niederlande)*

*www.japan-sports.or.jp (Japan)*

*www.biatlon.cz (Tschechien)*

*www.britishbiathlon.com (GBR)*

*www.biathloncanada.ca (Kanada)*

*www.usbiathlon.com (USA)*

*www.biathlon.ch (Schweiz)*

*www.biathlon.at (Österreich)*

# Biathlon heute

## Allgemeine Biathlonadressen

www.biathlon.de

www.biathlon-world.com

www.Sommerbiathlon.de

## Athleten und Fans

www.uschi-disl-fanclub.de

www.ricco-gross-biathlon.de

www.bjoerndalen.com

www.poireeraphael.com

www.carsten-heymann.de

www.biathlon-fans.de

www.stefaniekaiser.de (S. Fischer)

www.birnbacher-andi.de

www.mzfc.de (M. Zellner)

www.marco-morgenstern.com

www.people.freenet.de/mgfc (M. Glagow)

*gegenüber:
Ricco Gross und
Sven Fischer.*

# Biathlon morgen

### Der Nachwuchs

*Fritz Fischer ist zwölf Jahre alt. Endlich darf auch er beim Biathlon mitmachen. Wie früher der Papa! Papa Fritz Fischer ist heute Bundestrainer der Junioren, betreut die 17- bis 20-jährigen Talente des Landes.*

*Fritz Fischer, Schlussläufer der siegreichen deutschen Olympiastaffel in Albertville 1992*

Die ersten „Schnupperer" werden von ihren Eltern mit neun oder zehn Jahren gebracht. Ab dem 12. Lebensjahr dürfen die Kleinen mit einem Luftdruckgewehr trainieren und an Wettbewerben teilnehmen. Unter

Aufsicht von Trainern und Kampfrichtern versteht sich. Bis zur Altersklasse 16 werden die Gewehre nicht geschultert und mit auf die Strecke geschleppt, sondern bleiben am Schießstand.

Mit 16 Jahren dürfen die Mädchen und Jungen dann mit Kleinkalibergewehren schießen, mit knapp zwanzig Jahren versuchen sich die ersten schon bei den „Großen", zum Teil auch schon im Weltcup.

Anscheinend muss uns nicht bange sein um den deutschen Biathlonnachwuchs. Bei den Juniorenweltmeisterschaften 2000 gewannen die Schützlinge von Fritz Fischer vier Gold-, zwei Silber- und zwei Bronzemedaillen! Da blieben der Konkurrenz ganze vier Plätze auf den Siegerpodesten! Fabian Mund holte vier Titel und wurde Deutschlands Junior-Sportler des Jahres. Ähnlich erfolgreich trumpfte bei dem Championat im österreichischen Hochfilzen Sabrina Buchholz auf. Dreimal ließ sie ihren Gegnerinnen keinen Stich, einmal landete sie auf dem Silberrang.

Auch bei den Juniorenwelttitelkämpfen 2001 dominierten deutsche Biathlonhoffnungen. Andreas Birnbacher ließ sich gleich drei Goldmedaillen um den Hals hängen, Romy Beer und Jeny Adler gewannen je zwei Wettbewerbe. Ehemalige Juniorenweltmeisterinnen wie Andrea Henkel und Martina Glagow schafften in den vergangenen Jahren mühelos den Übergang vom Nachwuchstalent in die Weltklasse.

Immer wieder verblüffen auch „Quereinsteigerinnen" mit ihrem Können. Bestes Beispiel ist Kati Wilhelm, die mit 22 Jahren vom Langlauf zu den Biathletinnen wechselte und schon in ihrem zweiten Wettkampfjahr Weltmeisterin im Sprint wurde, 2001 in Pokljuka. Bemerkenswert, dass Frauenbundestrainer Uwe Müssiggang trotz der Erfolge einen klaren Blick für noch vorhandene Schwächen behält:

„Nachwuchsarbeit in Deutschland ist sehr auf freiwillige Helfer und interessierte Mütter und Väter angewiesen. Die Budgets der Vereine und Landesverbände sind oftmals leider nicht besonders üppig. Ein hauptamtlicher, vom DSV finanzierter Nachwuchstrainer für

Biathlon morgen

Kati Wilhelm bei den WM 2001 in Pokljuka

ganz Deutschland! Zu wenig! Ein überregionales Sichtungs- und Auswahlsystem, ähnlich dem, was früher in der DDR mal exzellent funktioniert hat, würde sehr dabei helfen, die am besten geeigneten Jungen und Mädchen zu finden." Acht der insgesamt 19 deutschen Ski-Landesverbände fördern gegenwärtig den deutschen Biathlonnachwuchs. Außerdem gibt es in Deutschland für talentierte Jugendliche fünf Sportgymnasien mit angeschlossenen Internaten. In Oberhof, Berchtesgaden, Furtwangen, Altenberg und Klingenthal finden die Schüler neben der schulischen Ausbildung optimale Trainingsbedingungen.

gegenüber:
Andrea Henkel
im Verfolgungswettkampf der
WM 2001

## Der Wettkampfkalender

Auch die Wintersportsaison 2001/2002 hat es wieder in sich. Strammes Programm für die Biathleten! Wenn wir Sie auf den Biathlongeschmack gebracht haben sollten oder Sie schon vorher ein Fan von Uschi Disl & Co. waren, haben wir die nächsten Termine parat.

### Weltcupveranstaltungen 2001/2002

| | |
|---|---|
| 1. Weltcup | 05.12.–09.12.2001 Hochfilzen (Österreich) |
| 2. Weltcup | 12.12.–16.12.2001 Pokljuka (Slowenien) |
| 3. Weltcup | 18.12.–22.12.2001 Brezno/Osrblie (Slowakei) |
| 4. Weltcup | 09.01.–13.01.2002 Oberhof (Deutschland) |
| 5. Weltcup | 16.01.–20.01.2002 Ruhpolding (Deutschland) |
| 6. Weltcup | 23.01.–27.01.2002 Antholz (Italien) |
| 7. Weltcup | 09.03.–10.03.2002 Østersund (Schweden) |
| 8. Weltcup | 13.03.–17.03.2002 Lahti (Finnland) |
| 9. Weltcup | 20.03.–24.03.2002 Oslo/Holmenkollen (Norwegen) |

## Weitere Biathlonveranstaltungen

17.09.–23.09.2001
6. Sommerbiathlonweltmeisterschaft,
Duszniki Zdroj (Polen)

28.01.–03.02.2002
Juniorenweltmeisterschaften,
Ridnaun (Italien)

08.02.–24.02.2002
Olympische Winterspiele
Salt Lake City (USA)

06.03.–10.03.2002
Europameisterschaften,
Kontiolahti (Finnland)

27.08.–02.09.2002
7. Sommerbiathlonweltmeisterschaft,
Jablonec nad Nisou (Tschechien)

2003
Weltmeisterschaften,
Khanty-Mansiysk (Russland)

Europameisterschaften,
Forni Avoltri (Italien)

Juniorenweltmeisterschaften,
Zakopane (Polen)

2004
Weltmeisterschaften,
Oberhof (Deutschland)

Juniorenweltmeisterschaften,
Haute-Maurienne (Frankreich)

# Biathlon – Des Rätsels Lösung

*Wie machen sie es denn nun eigentlich? Wie vereinen die Biathleten scheinbar unvereinbare Bewegungsabläufe? Wie schalten sie um, von maximaler körperlicher Anstrengung auf absolute Ruhe, Konzentration und Genauigkeit? Weil alle Theorie bekanntlich grau ist, überlassen wir doch einfach den Praktikern, den Hauptdarstellern der Biathlonszene, das Schlusswort!*

Uschi Disl: „Viele Leute glauben, wir machen klick und der Puls geht runter von 180 auf 45. Aber auch wir können unseren Körper nicht austricksen. Manchmal muss man halt zwei- oder dreimal mehr durchatmen oder mit

*Uschi Disl auf ihrer „Hausstrecke" in Ruhpolding*

höherem Puls schießen, als man eigentlich wollte. Alles reine Gefühlssache! Manchmal klappt es und manchmal stehe ich da und stehe und stehe …"

Ricco Gross: „Ich probiere es schon seit zwölf Jahren und es klappt immer noch nicht! Eigentlich ist es ja wie Auto fahren. Wenn die Ampel rot wird, musst du bremsen. Wenn du das Gefühl hast, du schaffst es noch bei Grün, musst du Gas geben … aber Scherz beiseite. Um sicher

*Null-Schießfehler: trotzdem nur Platz 4 beim Massenstart bei den WM 2001 in Pokljuka für Ricco Gross*

zu sein, dass ich die Belastung am Schießstand gut aushalte, lasse ich es vorher etwas langsamer angehen. Ich weiß, dass ich einerseits nur ‚in der 2. Liga' laufe, andererseits aber sehr schnell und gut schießen kann."

# Biathlon – Des Rätsels Lösung

*Magdalena Forsberg*

**Magdalena Forsberg:** „Ich denke schon während des Laufens über das Schießen nach. Das Wichtigste aber ist, absolut entspannt und locker zu bleiben, ruhig zu atmen ... ich versuche, mich zu zwingen, nicht übermäßig schnell zu schießen."

**Mark Kirchner:** „Wenn und hätte, müsste und sollte ... je mehr ich über das Schießen nachgedacht habe, desto weniger habe ich getroffen. In meinen Glanzzeiten habe ich einfach auf die jeweilige Situation reagiert."

**Kati Wilhelm:** „Ich laufe relativ schnell an den Schießstand heran, denn dort brauche ich ohnehin viel mehr Zeit als die anderen. Bin ja noch ziemlich neu in diesem Sport. Ich versuche einfach auf die Windfahnen zu achten, und mache mir ansonsten kaum großartig Gedanken."

**Ole-Einar Bjoerndalen:** „Früher bin ich auf einem Seil zwischen zwei Apfelbäumen im Garten meiner Eltern balanciert, um das Gleichgewicht zu schulen. Heute sind vor allem zwei Dinge wichtig für mich – mentales Training und die ständige Wiederholung von Bewegungsabläufen. Immer und immer wieder. Anschlag, zielen, Anschlag halten – Trockentraining. Eine halbe Stunde am Tag."

Martina Glagow: „Ich rede ziemlich schnell, also muss ich auch ziemlich schnell schießen. Normalerweise atme ich so, dass ich beim ersten Schuss ruhig bin, und dann immer einmal zwischen den Schüssen. Manchmal aber entscheidet auch die Tagesform und ich ändere den Rhythmus."

Frank Luck: „Die Abläufe am Schießstand sind mir schon so in Fleisch und Blut übergegangen ... Wenn es ernst wird, musst du die Veränderungen gegenüber dem Anschießen möglichst schnell erfassen, musst reagieren, vor allen Dingen natürlich auf den Wind."

Sven Fischer: „Viele glauben, dass wir das Gewehr völlig ruhig halten, wenn wir abdrücken. Ganz falsch! Wir wackeln! Ich zum Beispiel spüre beim Liegendschießen meine Bauchschlagader sehr stark ... und wie mein Gewehr dadurch wippt und vibriert. Also versuche ich, die Ruhe zwischen Ein- und Ausatmen und zwischen den Pulsschlägen zu nutzen. Wie alle anderen auch."

Fritz Fischer: „Ich habe mich immer gefreut, eine Pause zu haben, dreißig Sekunden verschnaufen zu können und den Leuten zu zeigen, wie schön man schießen kann!"

# Adressen und Literaturnachweis

**Adressen**  Verbände

Internationale Biathlon Union
Airportcenter
Kasernenstraße 1
Postfach 1
A – 5073 Wals-Himmelreich
Tel.: +43-662-85 50-50/51
Fax: +43-662-85 50-508/518
e-mail: biathlon@ibu.at

Deutscher Skiverband
Hubertusstraße 1
D – 82152 Planegg
Tel.: +49- 89-85 79 0-0
Fax: +49- 89-85 79 0-294
e-mail: 106573.2561@compuserve.com

Österreichischer Skiverband
Olympiastraße 10
A – 6020 Innsbruck
Tel.: +43-512-33 50 10
Fax: +43-512-36 19 98

Schweizer Mehrkampfverband (SMV)
Pfaffensteinstraße 3
CH – 8118 Pfaffhausen

Norwegischer Biathlonverband
(Norges Skiskytterforbund)
Postbox 2230
Strömsö
N – 3003 Drammen
Tel.: +47-32-20 85 50
Fax: +47-32-20 85 54
e-mail: norges.skiskytterforbund@nif.idrett.no

# Adressen und Literaturnachweis

## Organisationskomitees

WSV Oberhof 05 e.V.
Am Grenzadler 1
D – 98559 Oberhof
Tel.: +49-3 68 42-221 16
Fax: +49-3 68 42-225 03
e-mail: biathlon-oberhof@t-online.de

Ruhpolding
Organisationskomitee Biathlon
Brandstätter Straße 26
D – 83324 Ruhpolding
Tel.: +49-8651-55 54
Fax: +49-8651-71 06 59
e-mail: biathlon.ruhpolding@biathlon-ruhpolding.de

SSV Altenberg
Dresdner Straße 70
D – 01773 Altenberg
Tel.: +49-3 50 56-323 81
Fax: +49-3 50 56-342 02

SV Bayerisch Eisenstein
Oberlindbergmühle 29 a
D – 94227 Lindberg

WSV Clausthal-Zellerfeld
Bahnhofstraße 5 a
D – 38678 Clausthal-Zellerfeld
Tel.: +49-53 23-826 43
Fax: +49-53 23-843 67
e-mail: wsv-clausthal@harz.de

SC Neuastenberg-Langewiese
Neuastenbergstraße 23
D – 59955 Winterberg
Tel./Fax: +49-29 81-10 47

Oberwiesenthaler SV 1990 e.V.
Dr.-Jaeger-Straße 2
D – 09484 Oberwiesenthal

### Technik

European Broadcasting Union (EBU)
Ancienne Route 17 a
Case postale 67
CH – 1218 Grand-Saconnex
Tel.: +41-22-717 21 11
Fax: +41-22-747 40 00
e-mail: ebu@ebu.ch
Internet: www.ebu.ch

HoRa Systemtechnik GmbH
Chiemseestraße 26
D – 83093 Bad Endorf
Tel.: +49-80 53-490 43
Fax: +49-80 53-490 53
e-mail: HoRa2000@t-online.de
Internet: www.hora2000.de

SIWIDATA (Sport-Data-Service)
Maiastraße 14 a
I – 39012 Meran
Tel.: +39-0473-23 65 98
Fax: +39-0473-23 37 52
e-mail: info@siwidata.com
Internet: www.siwidata.com

**Literatur-nachweis**  Handbuch der IBU, Ausgabe vom Juni 1998
Veli M. J. Niinimaa, Double contest biathlon
Klaus Nitzsche, Biathlon, Leistung – Training – Wettkampf
Hermann Weigand/Johanna v. Knoerzer-Suckow, Biathlon,
Vom Randsport zum Publikumsrenner